★ 看世界丛书 ★

不可不知的世界经典战例

李靖丝　编著

吉林人民出版社

图书在版编目(CIP)数据

不可不知的世界经典战例 / 李靖丝编著 . –– 长春：
吉林人民出版社, 2012.7
（看世界丛书）
ISBN 978-7-206-09197-1

Ⅰ.①不… Ⅱ.①李… Ⅲ.①战争史 – 世界 – 青年读
物②战争史 – 世界 – 少年读物 Ⅳ.①E19-49

中国版本图书馆 CIP 数据核字(2012)第 149518 号

不可不知的世界经典战例
BUKEBUZHI DE SHIJIE JINGDIAN ZHANLI

编　　著：李靖丝
责任编辑：韩春娇　　　　　　　封面设计：七　洱
吉林人民出版社出版 发行（长春市人民大街7548号　邮政编码：130022）
印　　刷：北京市一鑫印务有限公司
开　　本：670mm×950mm　　　1/16
印　　张：12　　　　　　字　　数：110千字
标准书号：ISBN 978-7-206-09197-1
版　　次：2012年7月第1版　　印　　次：2023年6月第3次印刷
定　　价：38.00元

如发现印装质量问题，影响阅读，请与出版社联系调换。

目录
CONTENTS

CONTENTS

目录
CONTENTS

天京保卫战

天京保卫战是太平军为保卫首都天京，在1862年至1864年进行的防御作战。安庆失守后，陈玉成受到革职处分，坐守庐州，1862年5月放弃庐州北走寿州，被地主团练头子苗沛霖诱捕送往清军胜保大营，6月4日在河南延津遇害，年仅26岁。陈玉成的牺牲和庐州的失陷，使太平军在皖北的防务瓦解。太平天国只能依靠李秀成等新开辟的苏浙根据地支撑危局。

湘军攻陷安庆后，曾国藩即设大营于此。同治元年正月初一（1862年1月30日），清廷任命曾国藩为协办大学士，仍统辖苏、赣、皖、浙四省军事。曾国藩立即筹划以东征金陵为主要目标的全盘军事行动。具体部署是：曾国荃部自安庆沿长江北岸直趋金陵；曾贞干部由池州攻芜湖；彭玉麟等率湘军水师沿江而下，配合两岸陆师行动并负运输接济之责；鲍超部由赣入皖，攻宁国府；左宗棠部攻浙江，李鸿章部淮军攻上海周围的太平军，尔后西进。

1862年3月，曾国荃部离开安庆东下，拉开进攻天京的序幕。各地太平军在敌人的全面进攻下节节败退。5月，湘军攻占当涂、芜湖、板桥、秣陵关、大胜关、三汊河。5月30日，彭玉麟率水师进泊金陵护城河口，曾国荃部直逼雨花台，曾贞干也率军赶到。天京处在湘军直接威胁之下。

湘军迅速进抵天京城下，大出洪秀全意料。洪秀全于是一日三诏催促李秀成从上海前线回援，李秀成只得停止进攻上海，退回苏州，派一部分兵力赶回天京加强防务，自己则仍留苏州。

1862年7月，天京外围形势更加严重。7月11日，西南屏障宁国府被敌攻破。杨辅清、洪仁玕从皖南回援天京，夜袭湘军，也被湘军击退。8月6日，洪秀全严诏催逼李秀成赶快回援。9月14日，李秀成由苏州出发，督率13王，领兵10余万，在东坝会齐，回援天京。

10月13日，天京外围的攻守战开始。李秀成率军与天京城内守军配合，对湘军发起猛攻。湘军坚壁固守。11月3日，太平军集中力量攻湘军东路，轰塌曾国荃雨花台营附近的湘军营墙两处。湘军拼命抵抗，太平军往返冲杀五六次，终不得入。太平军又用地道向敌进攻，敌人以挖对挖，每挖通一处地道，或熏以毒烟，或灌以秽水，或以木桩堵洞口，使太平军的地道连连失效。

11月26日，李秀成、李世贤围攻雨花台曾国荃军营月余不下，只得下令撤围。李世贤率部退秣陵关，李秀成率部入天京。至此，回援天京的作战完全失败。

天京解围战失败后，李秀成被"严责革爵"。不久，洪秀全责令他领兵渡江，西袭湖北，企图调动天京围敌。1862年12月，第一批太平军数万人从天京下关渡江，占含山、巢县、和州。1863年2月底，李秀成率第二批部队渡江，并于3月占浦口，4月占江浦。

进入皖北后，受到湘军节节抵御，屡攻不克。进至六安后，正值青黄不接，粮食奇缺，加之敌人防堵甚严，李秀成遂放弃原定进军计划，于5月19日撤六安之围，折往寿州，随即东返。这时，围困天京的湘军已增至3万余人，并于6月13日占领了聚宝门外各石垒。洪秀全又急令李秀成速回天京。6月20日，李秀成率部由九洑洲南渡抵京。

南渡过程中被湘军炮火打死和因饥饿而死者甚众，渡至南岸进入天京城内的太平军不到1.5万人。6月25日，湘军又攻陷江浦、浦口，30日陷九洑洲，太平军又损失2万余人。至此，长江北岸完全为清军占领。太平军实力则进一步削弱，天京解围的希望也更加渺茫。

与此同时，苏浙战场也在淮军、洋枪队、左宗棠部湘军的进攻下趋于瓦解。湘军于1863年6月底攻破九洑洲，控制了长江北岸后，鲍超部南渡，扎营神策门（今中央门）外沿江一带。9月，曾国荃部攻占天京城东南的上方桥和城西南的江东桥，11月上旬又连续攻占了城东南的上方门、高桥门、双桥门、七桥瓮以及秣陵关、中和桥，太平军在紫金山西南的要点全部失守。

11月25日，曾国荃进扎城东孝陵卫。这时，湘军已攻陷天京外围的所有城镇要点，天京城只有太平门、神策门尚与外界相通。外援断绝。李秀成于12月21日向洪秀全建议，鉴于湘军壕深垒固，围困甚严，天京又内无粮草，外援难至，不如让城别走，遭到洪秀全拒绝。这样，太平天国革命事业的最后一线希望丧失了。

1864年2月28日，湘军攻占了紫金山巅的天保城。3月2日，曾国荃部进驻太平门、神策门外，完成对天京的合围。

曾国荃部合围金陵之后，曾于3月14日用云梯攻城，但未得逞。4月开始，在朝阳、神策、金川门外挖掘地道十余处，准备轰塌城墙，太平军一面组织力量从城内对挖，进行破坏，一面构筑月城，以便城墙轰塌后继续组织对抗。

1864年6月1日，天王洪秀全病逝，终年51岁。此后，天京人心愈加不稳。幼天王洪天贵福即位，一切军政事务统归忠王李秀成执掌。

7月3日，湘军攻占天京城外最后一个据点地保城（即龙脖子），从而能够居高临下，监视城内动静。湘军在龙脖子山麓修筑炮台数十座，对城内日夜轰击，压制太平军的炮火，掩护挖掘地道。同时，在龙脖子山麓与城墙间大量填塞芦苇、蒿草，上覆沙土，高与城齐，为攻城铺平道路。半个月后，湘军攻城准备基本完成。

李秀成见湘军攻城在即，于7月18日深夜，选派千余人伪装湘军，冲出城去，企图破坏太平门附近的地道，结果被湘军识破，只得退回城内。7月19日晨，湘军担任主攻任务的部队齐集太平门外。

中午，湘军用地雷轰塌城墙。湘军蜂拥而入。太平军纷纷以枪炮还击，虽给敌人以重大杀伤，但没能挡住湘军的攻势。与此同时，湘军水师各营会同陆师夺取了水西、旱西两门，傍晚前后，天京全城各门均为湘军夺占。

李秀成于19日晨自太平门败退后，即回到天王府，独带幼天王，由数千文武护送，奔向旱西门，企图由此突围出城，结果为湘军陈湜部所阻，只得转上清凉山。入夜，折回太平门，伪装湘军山缺口冲出，向孝陵卫方向突围。不久，李秀成与幼天王失散，便分道奔逃。7月22日，李秀成在方山附近被俘。8月7日，在写完供词后，被曾国藩杀害，年仅40岁。城内守军与入城湘军展开巷战，大部战死，一部自焚，10余万人没有一个投降的，天京陷落。

天京保卫战历时3年，调动使用兵力数十万而终于失败，原因是多方面的。从战略上说，天京失陷是太平天国领导人奉行消极防御战略思想的必然结果。天京被围时，洪秀全虽然提出过西袭湖北计划，但李秀成执行不力，没能达到预期目的，最后还是困守孤城，等到湘军完成合围时，洪秀全仍然拒绝让城别走的建议，致使错过了撤出天京以图再举的最后沉会。从作战指挥上看，前敌诸将协同不够，没有形成集中统一的领导，仍然是各行其是。所有这些，都和太天国后期政治日趋保守和腐败息息相关，最后的失败是难以避免的。

十里坡之战

十里坡之战是西捻军于中国清朝同治五年（1866年）在西安东郊十里坡同湘军刘蓉部进行的一次著名战斗。

高楼寨之战后，捻军继续流动作战，在山东、安徽、河南的广大地区不断打击清军。清政府命曾国藩部署镇压捻军。曾国藩先后实施"以静制动""聚兵防河"的作战方针，都归于破产。

1866年12月7日，清政府改任李鸿章为钦差大臣，节制湘淮各军，负责镇压捻军起义。捻军方面虽然取得了一系列胜利，但长时间不停顿地流动作战，使部队得不到必要的休整和补充，同时又得不到任何友军的支援，战略上的被动局面日益严重。捻军领袖赖文光等深感"独立难支，孤军难立"，试图改变这一被动局面，于是在1866年10月决定将捻军一分为二，由张宗禹、张禹爵、邱远才等率部分捻军西进陕甘，联络陕甘回民起义军，以为掎角之势，是为西捻军。由赖文光、任化邦、李允等率部分捻军留在中原地区，与敌周旋，是为东捻军。

西捻军约有3万余人。在张宗禹等的率领下，1866年10月由豫东经许州、洛阳、陕州（今三门峡市西）、阌乡（今灵宝西北），于11月9日进入陕西华阴县境。署理陕西巡抚刘蓉当时正率1.4万湘军在陕甘交界处堵击回民起义军，在得知捻军入陕后，感到形势严重，请求清政府速派援兵。但左宗棠（刚被任命为陕甘总督）借口筹备粮饷，停兵湖北，踌躇不前。清军援军难以很快入陕，为西捻军的作战行动提供了有利条件。西捻军进入华阴后，立即西进华州（今华县）、渭南。刘蓉不得不将所部东调，对付捻军。

初战获胜后，西捻军乘胜西进，于12月14日进抵西安东面的灞桥镇。然后折向东南，占领蓝田县的泄湖、蓝桥等地。为了调动西安清军，后又佯趋商州（今商县）、雒南（今洛南）。待清军东向追击，捻军又北走渭南，并虚造东攻潼关之势。当湘军北上堵截时，捻军又迅速西进，摆出攻打西安的架势，并在灞桥十里坡周围村庄设下伏兵，布好伏击圈，等待敌军到来。

1867年1月23日，湘军追至临潼东北的新丰镇。捻军派出少数部队诱敌，与湘军且战且退，将湘军诱至十里坡。记名提督杨得胜、总兵萧德扬、提督刘厚基、道员黄鼎等部敌军相继进入伏击圈。捻军诱敌部队立即回马反击，伏军步队从两旁村堡杀出，马队从两翼包抄，将湘军团团包围，湘军阵势大乱。时值风雪弥漫，湘军士卒因连日奔走，疲惫不堪，冻饿交加，士气低落，无心作战，火药又被雨雪浇湿，不能点放。捻军则士气高昂，勇猛冲杀，与湘军展开白刃格斗。半日之内，连斩总兵萧德扬、提督杨得胜、萧集山、萧长清、布政使衔候补道萧德纲等湘军将领，歼灭敌军3 000余人，收降数千人，取得了入陕以来最大的一次胜利。

西捻军在十里坡之战中，始终掌握着战场上的主动权。先是运用流动战术，主动出击，调动敌人，诱敌追击，使敌人疲惫不堪；然后是选择有利战场，预设埋伏，将敌诱至伏击圈，步骑协同，将敌包围；最后通过白刃格斗大获全胜。湘军方面则盲目追击，处处被动，被捻军牵着鼻子走，战斗力被拖垮，最后陷入重围，大败于十里坡。

晋楚城濮之战

俗话说"先下手为强，后动手遭殃"。在军事上，"先发制人"是一个重要的命题。早在《左传》中便有"先人有夺人之心"的提法，后人也多强调"兵贵先""宁我薄人，无人薄我"，意思都是主张争取作战中的先机之利。可是，事情并不是绝对的。在一定条件下，"后发制人"也是军事斗争的重要手段，它与"先发制人"之间存在着辩证的统一。其实质便是积极防御，即以防御为手段，以反攻为目的的攻势防御，它常常成为较弱一方克敌制胜的重要法宝。春秋时期的晋楚城濮之战，就是历史上这方面的典型战例之一。

城濮之战发生于鲁僖公二十八年（公元前632年），它是春秋时期晋、楚两国为争夺中原霸权而进行的第一次战略决战。在这场战争中，楚军在实力上占有优势，但是由于晋军善于"伐谋""伐交"，并在战役指导上采取了正确的扬长避短、后发制人的方针，从而最终击败了不可一世的楚军。

公元前636年，长期流亡在外的晋公子重耳历尽艰辛，终于回国即位，是为晋文公。他执政后，对内修明政治，任贤使能，发展经济，崇俭省用，整军经武；对外高举"尊王"旗帜，争取与国，从而逐步具备了争夺中原霸权的强大实力。

晋国的壮大崛起，引起了楚国的严重不安。两国之间的矛盾因此日趋尖锐。而两国围绕对宋国的控制权，终于导致了这一冲突的全面激化。

公元前634年，鲁国因和曹、卫两国结盟，几度遭到齐国的进攻，便向楚国请求援助。而泓水之战后被迫屈服于楚的宋国，这时看到晋文公即位后晋国实力日增，也就转而依附晋国。楚国为了维持自己在中原的优势地位，便出兵攻打齐、宋，并想借此来扼制晋国势力的东进和南下。而晋国也不甘心长期局促于黄河以北一带，于是便利用这一机会，以救宋为名，出兵中原。公元前633年冬，楚成王率领楚、郑、陈、蔡多国联军进攻宋国，围困宋都商丘。

宋成公于危急中派大司马公孙固到晋国求救。但是，当时晋、宋之间隔着曹、卫两国，劳师远征，有侧背遇敌的危险；况且楚军实力强大，正面交锋也无必胜把握。正当晋文公为此踌躇犹豫之际，狐偃进而向晋文公提出建议：先攻打曹、卫两国，调动楚军北上，以解救宋国，这样就坚定了晋文公出兵的决心。

晋文公于公元前632年1月统率大军渡过黄河，进攻卫国，很快占领了整个卫地。接着，晋军又向曹国发起了攻击，3月间，攻克了曹国都城陶丘（今山东定陶），俘虏了曹国国君曹共公。

晋军攻打曹、卫两国，原来的意图是想引诱楚军北上，然而楚军却不为所动，依然全力围攻宋都商丘。于是宋国又派门尹般向晋告急求援。这就使得晋文公感到进退两难：如不出兵驰援，则宋国力不能支，一定会降楚绝晋，损害自己称霸中原的计划；但若出兵驰援，则原定诱使楚军于曹、卫之地决战的战略意图便将落空，且己方兵力有限，在远离本土情况下与楚军交战恐难以取胜。为此，晋文公再度召集大臣进行商议。先轸仔细分析了形势，建议让宋国表面上同晋国疏远，然后由宋国出面，送一份厚礼给齐、秦两国，由他们去请求楚军撤兵。同时晋国把曹、卫的一部分土地赠送给宋国，以坚定宋国抗楚的决心。楚国同曹、卫本来是结盟的，如今看到曹、卫的土地为宋所占，必定会拒绝齐、秦的劝解。齐、秦既接受了宋国的厚礼，这时便会抱怨楚国不听劝解，从而同晋国站在一起，出兵与楚国作战。晋文公对此计颇为赞赏，马上一一施行。

面对齐、秦两大国的压力，楚成王心虚了。但楚国令尹子玉骄傲自负，仍坚决要求楚成王允许他与晋军决战，并请求楚成王增调兵力。楚成王优柔寡断，同意了子玉的决战请求，希冀他侥幸取胜；但是又不肯给子玉增拨充足的决战兵力，只派了西广、东宫和若敖之六卒等少量兵力前往增援。

子玉得到了楚成王增派的这部分援兵后，更加坚定了他同晋军作战的决心。为了寻找决战的借口，他派遣使者宛春故意向晋军提出了一个"休战"的条件：晋军撤出曹、卫，让曹、卫复国，楚军则解除对宋都的围困，撤离宋国。子玉这一招不怀好意，实际上是要让晋国放弃争霸中原、号令诸侯的努力。但晋文公棋高一着，采纳了先轸更为高明的对策：一方面将计就计，以曹、卫同楚国绝交为前提条件，私下答应让曹、卫复国。另外扣留了楚国的使者宛春，以激怒子玉来寻战。子玉眼见使者被扣，曹、卫叛己附晋，果然恼羞成怒，倚仗楚、陈、蔡联军兵力的优势，气势汹汹地扑向晋军，寻求战略决战。晋文公见楚军向曹都陶丘逼近，为了避开楚军的锋芒，选择有利的决战时机，诱敌深入，后发制人，遂下令部队主动"退避三舍"，撤到预定的战场——城濮（今河南濮城）一带。

晋军的"退避三舍"，实际上是晋文公谋略胜敌的重要一着妙棋，它在政治上争得了主动——"君退臣犯，曲在彼矣"，赢得了舆论上的同情。在军事上造就了优势——便于同齐、秦等盟国军队会合，集中兵力；激发晋军将士力战的情绪；先据战地，以逸待劳等等。从而为晋军后发制人，夺取决战胜利奠定了坚实的基础。

公元前632年4月4日，城濮地区上空战云弥漫，晋楚两军在这里展开了一场战车大会战。在决战中，晋军针对楚中军较强、左右两翼薄弱的部署态势，以及楚军统帅子玉骄傲轻敌、不谙虚实的弱点，采取了先击其翼侧，再攻其中军的作战方针，有的放矢发动进攻。晋下军佐将胥臣把驾车的马匹蒙上虎皮，出其不意地首先向楚军中战斗力最差的右军——陈、蔡军猛攻。陈、蔡军遭到这一突然而奇异的打击，顿时惊慌失措，一触即溃。楚右翼就这样迅速就歼了。

接着晋军又采用"示形动敌"，诱敌出击，尔后分割聚歼的战法对付楚的左军。晋军上军主将狐毛，故意在车上竖起两面大旗，引车后撤，装扮出退却的样子。同时，晋下军主将栾枝也在阵后用战车拖曳树枝，飞扬起地面的尘土，假装后面的晋军也在撤退，以引诱楚军出击。子玉不知是计，下令左翼军追击，结果陷入了重围，很快被消灭了。

城濮之战以晋军获得决定性胜利而告结束。城濮之战初期，晋军兵力劣于对手，又渡过黄河在外线作战，处于不利的地位。但是晋文公能够善察战机，虚心采取先轸等人的正确建议，选择邻近晋国的曹、卫这两个楚之与国为突破口，先胜弱敌，取得以后作战的前进基地。随后又运用高明的谋略争取齐、秦两大国与自己结成统一战线，争取了战争的主动权。当城濮决战之时，敢于贯彻后发制人的作战方针，主动"退避三舍"，避开楚军的锋芒，以争取政治、外交和军事上的主动，诱敌冒险深入，伺机决战。同时与齐、秦、宋各国军队会合，集中起相对优势的兵力；并针对敌人的作战部署，乘隙捣虚，灵活地选择主攻方向，先攻打敌人的薄弱环节，予敌各个击破，从而获得了这场战略决战的辉煌胜利。

反观楚军方面，则是君臣不睦，将骄兵惰，君主昏庸无能，主帅狂妄轻敌，既不知妥善争取与国，又不能随机多谋善断。加上作战部署上的失宜，军情判断上的错误，临战指挥上的笨拙，终于导致了战争的失败，将自己在争霸中原中的优势地位拱手让人，给后人留下了极其深刻的教训。

吴越之战

吴越之战，是春秋末期位居长江下游的两个诸侯国吴和越之间进行的最后一次争霸战争。自公元前510年开始，持续至公元前475年，历时共35年，最终以吴的灭亡和越的胜利而告结束。

公元前514年，阖闾登上吴国王位后，即任用逃亡到吴国的原楚国贵族伍员（伍子胥）和齐国的孙武，改革内政，扩充军队，加强战备，并制定了"西破强楚，北威齐晋，南服越人"的战略方针。

楚为联越制吴，积极扶植越王允常，从而使越力量迅速壮大。公元前510年，吴国进攻越国，两国争战就此展开，双方你来我往，开始了长期的拉锯战。

公元前506年，阖闾率军攻楚。次年春天，允常乘吴国内空虚，出兵袭击吴都姑苏。吴王急忙抽兵回救，允常自知力不能敌，遂在大掠之后主动撤兵而还。公元前496年，允常病死，子勾践继位。吴王为"南服越人"，遂乘勾践新立之机，率军攻越。勾践见吴军容严整，于是组织敢死队连续几次发起冲击，均被吴军击退。在此情况下，勾践迫使犯了死罪的囚徒，列为三行，持剑走到吴军阵前，一起举剑自杀。吴军将士被这一疯狂举动所震慑，纷纷拥上看个究竟，吴军阵势因而大乱。越军乘机发动突然袭击，大败吴军。阖闾本人也受伤不治而死。

夫差即位后，时刻牢记杀父之仇，日夜练兵，积极备战，准备出兵攻越。公元前494年春，越王勾践得知夫差准备攻越的消息后，不听大臣范蠡的劝告，在准备不充分的形势下，决定先发制人，出兵攻吴。结果损失惨重，只剩下5000人退守会稽山。吴军乘胜追击，占领越都会稽，并进而包围了会稽山。在生死存亡的危急关头，大夫范蠡提出屈辱求全的策略，主张用卑辞厚礼向吴求降，如若不允，就由勾践亲自去吴国做人质。伍子胥认为争霸中原不如灭越有利，并看出越国君臣卑辞厚礼的背后所隐藏的灭吴野心，因而坚决主张彻底灭越，否则，必将纵虎归山，养痈遗患。但夫差急于北上同齐争霸，认为越国既已投降，便名存实亡，不足为虑，因此答应越国议和，率军回国。

越经此一战，元气大伤。为安抚民心，勾践下诏罪己，并下令"葬死者，问伤者，养生者，吊有忧，贺有喜，送往者，迎来者，去民之所恶，补民之不足"。然后，把国内事务分别托付诸大夫负责管理，便带着范蠡等人去吴国给夫差当奴仆。勾践在吴国忍辱含垢，历尽艰辛，终于骗得夫差的信任，于3年后被释放回国。

勾践归国后，决心复国灭吴。所谓"身自耕作，夫人自织，食不加肉，衣不重彩，折节下贤人，厚遇宾客，振贫吊死，与百姓同其劳"。他争取民心，选贤纳谏，让文种治政，范蠡整军，建立招贤馆，礼遇收罗各方面人才；改革内政，减轻刑罚，减免赋税，开垦荒地，发展生产，奖励生育，增加人口。在军事上，筑城立廓，修缮被战争破坏的都城，训练部队，厚赏严刑，扩充兵员。在对外政策上，奉行"结齐、亲楚、附晋、厚吴"的方针。他不断送给夫差优厚的礼物，表示忠心臣服，以消除他对越国的戒备；送美女西施、郑旦给他，使他沉溺女色，分散精力；贿赂吴臣，争取他们的同情和帮助；并离间吴国内部，挑起其大臣不和；破坏吴国的经济，用高价收买吴国的粮食，使其内部粮价高涨，造成供应困难；采集良材，选派巧匠，送给夫差，促使其大兴土木，消耗人力、物力。上述措施，收效显著，壮大了自己，削弱了敌人，争取了与国。越国力量大为增强，发兵伐吴所缺乏的只是时机问题了。

在越上下一心、励精图治、为复仇雪耻而磨刀霍霍时，吴国却日趋腐败。夫差因胜而骄，奢侈淫乐，穷兵黩武。

为导吴北进中原，使之与晋、齐、楚为敌，造成乘虚袭吴的机会，勾践向夫差大献殷勤，让文种率万名民夫协助吴国开凿邗沟，以推动夫差北上。

公元前484年，夫差听说齐景公已死，决定北上伐齐，并联合鲁军，击败了齐军。战后，夫差更加骄横，认为只要最后压服晋国就可取得中原霸权，于是约定晋定公和各国诸侯在公元前482年7月7日到黄池（今河南封丘西南）会盟。行前，夫差对太子友提出应防备越乘虚而入的劝谏置若罔闻，认为中原霸权唾手可得，不可坐失良机。因此自率精兵3万空国远征，北上黄池，只留下太子友等人率老弱病残1万人留守姑苏，勾践梦寐以求的机会终于来到了。公元前482年6月12日，勾践调集越军4.9万，兵分两路，一路由范蠡率领，由海道入淮河，切断吴军自黄池的归路；一路由大夫畴无余等为先锋，勾践自率主力继后，从陆路北上直袭姑苏。吴太子友率兵到泓上（今江苏苏州近郊）阻止越军进攻。他感到精锐部队已全部北上，实力不足，主张坚守待援。但吴将王孙弥庸轻视越军，不听调遣，擅自率5000人出战，击败越先头部队，更加骄傲轻敌。12日，勾践主力到达，发起猛攻，将吴军包围聚歼，并俘虏太子友等。接着，越军挥师进入姑苏。此时夫差正在黄池与晋定公争当霸主，听说越军袭破姑苏，唯恐影响争霸，一连杀掉7个来报告情况的使者以封锁这一不利消息，并用武士威胁晋国让步，终于勉强做了霸主，然后急忙回国。但是由于姑苏失守的消息已泄，军心动摇，夫差感到反击越军没有把握，便派人向越求和，勾践也因实力不足以灭吴，允许和议，撤兵回国。

夫差向越求和后，由于征战连年，生产遭到极大破坏，国内空虚，一时无力反击，就息民散兵，企图恢复力量，待机再举。而越国却利用缴获的资财充实了自己，提高了战胜吴国的信心。公元前478年，吴国发生空前的饥荒，勾践认为大举伐吴的时机已经成熟，遂在经过充分的准备后，于3月率军出征，进至笠泽（水名，今苏州南）。夫差也率领姑苏所有的部队迎击越军。吴军在北，越军在南，双方隔水对阵。黄昏时，勾践在主力的两翼派出部分兵力隐蔽江中，半夜时鸣鼓呐喊，进行佯攻以调动敌人。夫差误以为越军两路渡江进攻，连忙分兵两路迎战。勾践乘机率主力偃旗息鼓，潜行渡江，出其不意地从吴军中间薄弱部位展开进攻，实行中央突破。吴军兵败溃退，越军乘胜扩张战果，挥兵猛追。吴军一败再败，退守姑苏，越采取了长期围困的战术，企图困毙吴军。

吴军被围于姑苏达3年之久，终于势穷力竭。夫差企图效勾践当年之故技，卑辞求和，然而勾践断然拒绝了夫差的请求，夫差绝望自杀，吴国灭亡。越挟灭吴的余威渡淮北上，与诸侯会盟，终于成就了春秋时期最后一个霸主梦。

淝水之战

　　淝水之战，发生于公元383年，是东晋时期北方的统一政权，前秦向南方东晋发起的侵略吞并的一系列战役中的决定性战役。淝水之战发生在淝水之上，八公山之下。

　　西晋末年的腐败政治，引发了社会大动乱，中国历史进入了分裂割据的南北朝时期。在南方，晋琅邪王司马睿于公元317年在建康（今江苏南京）称帝，建立东晋，占据了汉水、淮河以南大部分地区。在北方，各少数民族政权纷争迭起。由氐族人建立的前秦国先后灭掉前燕、代、前凉等割据国，统一了黄河流域。以后又于公元373年攻占了东晋的梁（今陕西汉中）、益（今四川成都）二州，将势力扩展到长江和汉水上游。前秦皇帝苻坚因此踌躇满志，欲图以"疾风之扫秋叶"之势，一举荡平偏安江南的东晋，统一南北。

　　公元383年8月，苻坚亲率步兵60万、骑兵27万、羽林郎（禁卫军）3万，共90万大军从长安南下，同时，苻坚又命梓潼太守裴元略率水师7万从巴蜀顺流东下，向建康进军。

　　东晋王朝在强敌压境，面临生死存亡的危急关头，以丞相谢安为首的主战派决意奋起抵御。经谢安举荐，晋帝任命谢安之弟谢石为征讨大都督，谢安之侄谢玄为先锋，率领经过7年训练，有较强战斗力的"北府兵"（在北方的流亡移民当中选拔精壮者，加以严格训练培育出的一支军队，为东晋时期战力最强的主力军）8万沿淮河西上，迎击秦军主力。派胡彬率领水军5000增援战略要地寿阳（今安徽寿县）。又任命桓冲为江州刺史，率10万晋军控制长江中游，阻止秦巴蜀军顺江东下。

10月18日，苻坚之弟苻融率秦前锋部队攻占了寿阳（今寿县），俘虏晋军守将徐元喜。与此同时，秦军慕容垂部攻占了郧城（今湖北安陆）。奉命率水军驰援寿阳的胡彬在半路上得知寿阳已被苻融攻破，便退守硖石（今安徽凤台西南），等待与谢石、谢玄的大军会合。苻融又率军攻打硖石。苻融部将梁成率兵5万进攻洛涧（在今安徽淮南东），截断淮河交通，阻断了胡彬的退路。胡彬困守硖石，粮草用尽，难以支撑，写信向谢石告急，但送信的晋兵被秦兵捉住，此信落在苻融手里。苻融立刻向苻坚报告了晋军兵少，粮草缺乏的情况，建议迅速起兵，以防晋军逃遁。苻坚得报，把大军留在项城，亲率8千骑兵疾趋寿阳。

苻坚一到寿阳，立即派原东晋襄阳守将朱序到晋军大营去劝降。朱序到晋营后，不但没有劝降，反而向谢石提供了秦军的情况。他说："秦军虽有百万之众，但还在进军中，如果兵力集中起来，晋军将难以抵御。现在情况不同，应趁秦军没能全部抵达的时机，迅速发动进攻，只要能击败其前锋部队，挫其锐气，就能击破秦百万大军。"谢石起初认为秦军兵强大，打算坚守不战，待敌疲惫再伺机反攻。听了朱序的话后，认为很有道理，便改变了作战方针，决定转守为攻，主动出击。

11月，谢玄派遣勇将刘牢之率精兵5000奔袭洛涧，揭开了淝水大战的序幕。秦将梁成率部50000在洛涧边上列阵迎击。刘牢之分兵一部迂回到秦军阵后，断其归路；自己率兵强渡洛水，猛攻秦军。秦军惊慌失措，勉强抵挡一阵，就土崩瓦解，主将梁成和其弟梁云战死，官兵争先恐后渡过淮河逃命，1.5万余人丧生。洛涧大捷，极大鼓舞了晋军的士气。

由于秦军紧逼淝水西岸布阵，晋军无法渡河，只能隔岸对峙。谢玄就派使者去见苻融，用激将法对他说："君悬军深入，而置阵逼水，此乃持久之计，非欲速战者也。若移阵少却，使晋兵得渡，以决胜负，不亦善乎？"秦军诸将都表示反对，但苻坚认为可以将计就计，让军队稍向后退，待晋军半渡过河时，再以骑兵冲杀，这样就可以取得胜利。苻融对苻坚的计划也表示赞同，于是就答应了谢玄的要求，指挥秦军后撤。但秦兵士气低落，结果一后撤就失去控制，阵势大乱。谢玄率领8千多骑兵，趁势抢渡淝水，向秦军猛攻。朱序则在秦军阵后大叫："秦兵败了！秦兵败了！"秦兵信以为真，于是转身竞相奔逃。苻融眼见大事不妙，急忙骑马前去阻止，以图稳住阵脚，不料战马被乱兵冲倒，被晋军追兵杀死。失去主将的秦兵越发混乱，彻底崩溃。前锋的溃败，引起后续部队的惊恐，也随之溃逃，形成连锁反应，结果全军溃逃，向北败退。

淝水之战，前秦军被歼和逃散的共有70多万。唯有鲜卑慕容垂部的3万人马尚完整无损。苻坚统一南北的希望彻底破灭，不仅如此，北方暂时统一的局面也随之解体，再次分裂成更多的地方民族政权，鲜卑族的慕容垂和羌族的姚苌等其他贵族重新崛起，各自建立了新的国家，苻坚本人也在两年后被姚苌俘杀，前秦随之灭亡。此战的胜利者东晋王朝虽无力恢复全中国的统治权，但却有效地遏制了北方少数民族的南下侵扰，为江南地区社会经济的恢复和发展创造了条件。淝水之战也成为以少胜多的著名战例，载入军事史，对后世兵家的战争观念和决战思想产生着久远影响。

即墨之战

　　战国中期，齐、秦两强东西对峙，较弱的燕国与齐是近邻。燕王哙于公元前318年让位于燕相子之，以致太子平与子之因争夺王位而发生内乱。齐宣王于公元前314年乘机攻燕，在50天之内攻下燕都蓟（今北京），杀燕王哙和子之。但由于齐军在燕大肆烧杀抢掠，燕国民众纷纷起来反抗，各诸侯国也准备出兵救燕，迫使齐军撤退，太子平即位为王，即燕昭王。燕昭王即位后，广招贤士，改革内政，发展生产，积极准备报齐破国之仇。公元前301年齐宣王死，燕昭王想乘机攻齐，但从燕国的土地、人口和经济条件看，燕远不如齐国，单凭燕国本身的力量，不可能战胜齐国。在此形势下，燕将乐毅和燕相苏秦提出争取与国，孤立齐国；并怂恿齐国灭宋，以加剧它与各国的矛盾，尔后联合各国，大举攻齐。燕昭王采纳了这一计策。

为此，燕表面上臣服于齐，并派苏秦入齐进行离间活动，取得了齐王的信任。齐国被燕表面的屈服所迷惑，放松警惕，对燕不加戒备，甚至连防备燕国的兵力也全部从北面撤回。公元前288年10月，秦约齐王同时称帝，结成联盟。燕再次派苏秦至齐进行离间活动，劝说齐王撕毁齐、秦盟约，废除帝号，而后伺机灭宋。齐王果然被打动，在取得攻秦胜利后，又经过三次战争，灭掉了宋国。邻近齐国的宋国，土地肥沃，生产发达，其大商业城市定陶的巨大税收，尤为齐、秦、赵三国所垂涎。宋为齐所灭，不仅加剧齐同秦、赵的矛盾，也对韩、魏、楚形成严重威胁，因此导致齐与各国矛盾异常尖锐。燕利用这种形势，积极活动，终于和各国结成攻齐联盟。

公元前284年，燕昭王任命乐毅为上将军，统率燕、秦、楚、韩、赵、魏六国军队攻齐。齐王骄傲自恃、忘乎所以，开始并未料到燕国会联合诸国攻齐。及至发现燕军已攻入齐国时，才匆忙任命触子为将，率领全国军队主力渡过济水，西进拒敌。双方兵力各20余万在济水之西（今山东高唐、聊城一带）展开决战。齐军由于连年征战，士气低落。齐王为迫使将士死战，以挖祖坟、行杀戮相威胁，更使将士离心，斗志消沉。结果，当联军进攻时，齐军一触即溃，遭到惨败，齐国的国都临淄很快被攻陷。乐毅攻克临淄后，采取布施德政、收取民心的政策，申明军纪，严禁掳掠，废除残暴法令和苛捐杂税。然后分兵五路，以彻底消灭齐军，占领齐国全境。燕军仅在6个月的时间，就攻取了齐国70余城，只剩下莒和即墨（今山东平度东南）两城未被攻克。

公元前283年，齐臣王孙贾等拥立法章为齐王，即齐襄王。他守莒抗燕，并号召民众起来抵抗。乐毅又重新调整部署，集中右军和前军攻莒，左军和后军攻即墨。即墨军民在守将战死之后，共推齐宗室田单为将，坚守抗燕，形成当时两个抗燕的坚强堡垒。燕军围攻莒和即墨一年未下。乐毅改用攻心战，命燕军撤至距两城9里的地方设营筑垒，并下令凡城中居民有出来的不加拘捕，有困难的予以赈济，以争取齐民。如此相持3年之久，两城依然未被攻下。

即墨为齐国较大的都邑，地处富庶的胶东，靠山近海，土地肥沃，财物丰富，有坚固的城池和一定的人力用于防守。田单被推举为将后，为挽救危局，除大力开展争取人心的工作外，还将所带的族兵及收容的残兵7000余人，及时加以整顿和扩充；又亲自带头构筑城防工事，加固城墙，浚深壕池；并将族人、妻妾编入军营参加守城。由于田单与将士同甘共苦，致使即墨军民群情振奋，斗志昂扬，决心为保卫自己的生命财产，奋起抵抗燕军。公元前279年，燕昭王死，惠王继位，惠王早在做太子时便对乐毅不满，且对3年攻齐不下又有怀疑，田单乘机派人入燕进行间谍活动，宣扬说，乐毅借攻齐为名，想控制军队在齐国为王，所以故意缓攻即墨。如果燕国另派主将，即墨指日可下。燕惠王果然中计，派骑劫代替乐毅。乐毅被撤换，不仅使田单少了一个难以对付的敌手，且使燕军将士愤慨不平、军心涣散。

骑劫到任后，即一反乐毅的做法，改用强攻。由于齐国军民的顽强抵抗，仍未能奏效。田单为了进一步激励士气，诱使燕军行暴，便散布谣言说，齐军最怕割鼻子、挖祖坟。骑劫果然中计。即墨军民看到燕军的暴行，个个恨之入骨，愤怒异常，纷纷要求同燕军决一死战。与此同时，田单积极进行反攻的准备工作。他先命精壮甲士全部隐伏起来，以老弱、妇女登城守望，使燕军误以为齐军少壮已伤亡殆尽，失去继续作战的能力，然后派人向燕军诈降，燕军信以为真，一心坐待受降，更加麻痹松懈。

田单觉得反攻时机已经成熟，便收集了千余头牛，在牛角扎上锋利的尖刀，身披五彩龙纹的外衣，牛尾绑上渗透油脂的芦苇，并在城脚挖好几十个洞，直通城外；又挑选了5000名精壮勇士，扮成神怪模样，令全城军民备好锣鼓以便出击时呐喊助威。一切准备就绪之后，在一天夜间，点燃牛尾上的芦苇，驱赶1000多头火牛从城墙洞中向燕营猛冲狂奔，5000勇士随之杀出，全城军民擂鼓击器以壮声势。一时间火光通明，杀声震天。

燕军将士从梦中惊醒，仓皇失措，四处逃命，死伤无数，骑劫也在混乱中被杀。围攻即墨的燕军主力彻底溃败。田单奇袭获胜后，立即大举反攻。齐国民众痛恨燕军的暴行，纷纷响应，帮助齐军打击燕军，很快将燕军逐出国境，收复沦陷的70余城。

此战，乐毅采用诱齐攻宋策略，形成了天下攻齐的有利形势。在作战中又抓住强弱已经发生变化的有利时机，乘胜追击，直捣齐都，因而取得了重大胜利。至于齐军后来能在即墨保卫战中反攻，最终一举击败燕军，一是由于即墨有一定的防御条件；二是燕军分兵多路攻齐，发展过快，攻城克坚的准备和力量不充分；三是田单面对优势之敌，采取有效措施，取得即墨军民的支持，为挽救危局、实施反攻创造了条件。接着巧施反间计，借敌之手除去最难对付的乐毅，又针对骑劫的弱点进攻。然后实施夜间奇袭，出其不意地击破围攻即墨的燕军主力，最后还取得了复国的胜利。

平津战役

在辽沈战役结束、淮海战役正在胜利发展之际，东北野战军和华北军区第二、第三兵团共100万人，联合发动了平津战役。

当时，华北国民党傅作义集团除有5万余人分驻归绥和大同外，有兵力50余万人，位于东起北宁路的山海关、西迄平绥路的张家口的500多公里的狭长地带上，并以塘沽为海上通道口。在这部分军队中，属傅作义系统的为17个师（旅），蒋介石系统的为25个师（旅）。在此之前，蒋介石已提出要傅率部南撤，加强长江防线。但傅作义对蒋介石的排斥异己深怀戒心，不愿南撤。这时，傅作义所部为解放军在东北的胜利所震慑，已成"惊弓之鸟"，但估计东北野战军在辽沈战役后需要有3个月到半年的休整时间，到第二年春天才能入关作战。傅作义根据暂守平津、保持海口、扩充实力、以观时变的方针，不断收缩兵力，先后放弃承德、保定、山海关、秦皇岛等地，准备随时从海上南逃或西窜绥远。如果傅作义集团撤走，人民解放军虽可不战而得平津，但国民党长江防线得到加强或保存较多作战力量，这对今后作战是不利的，因此，稳住华北敌军，使它不迅速决策南逃或西窜，就成为能否实现就地歼敌的关键。

根据中共中央的部署，东北野战军主力在辽沈战役结束后不久，从11月23日起，就提前结束休整，取捷径隐蔽地挥师入关。入关的东北野战军和华北军区第二、第三兵团一道，以神速动作，先用"围而不打"或"隔而不围"的办法，完成对北平、天津、张家口之敌的战略包围和战役分割，截断了他们南逃西窜的通路并调动原驻天津、塘沽的国民党军队第九十二、九十四、一〇五军进到北平地区。随后按"先打两头、后取中间"的顺序发起攻击。在12月下旬连克西头的新保安、张家口。在新保安歼灭傅作义嫡系主力第三十五军16 000人，在张家口歼敌第十一兵团部和第一〇五军54 000余人。1949年1

月10日，中共中央决定成立由林彪、罗荣桓、聂荣臻三人组成的平津前线总前委。当东头的天津守敌拒绝接受和平改编后，1月14日，解放军以强大兵力发起对天津的总攻，经过29小时的激战，攻克这座坚固设防和重兵守备的大城市，全歼守13万人，活捉国民党天津警备司令陈长捷。天津解放后，塘沽守敌乘船南逃。

为了使北平这座举世闻名的古都免遭破坏，解放军在围城后，派出代表同傅作义接触。由于解放军力量的强大和作战部署的迅速完成，由于中共的耐心工作和各界人士的敦促，傅作义终于决心顺应人民的意旨，命令所部出城听候改编。1949年1月31日，傅部移动完毕，解放军进入北平。北平宣告和平解放。

平津战役历时64天，共歼灭和改编国民党军队52万余人，基本上解放了华北全境。在绥远，有意地保存下一部分国民党军队，经过相当时间，在董其武率领下于1949年9月通电起义，接受改编。这样，对今后如何解决国民党军队便有了天津、北平、绥远三种方式。

辽沈、淮海、平津三大战役，无论是战争的规模或取得的战果，在中国战争史上都是空前的，在世界战争史上也是罕见的。这三大战役从1948年9月12日开始，至1949年1月31日结束，历时4个月零19天，共歼灭国民党军队154万人，使国民党赖以维持其反动统治的主要军事力量基本上被摧毁，为中国革命在全国的胜利奠定了基础。

三大战役的胜利，是人民战争的伟大胜利。在战役进行中，解放军广大指战员发扬高度的革命积极性和主动精神，英勇机智地同国民党军队战斗；各解放区人民以无比巨大的热情，以源源不绝的人力物力给予前线以空前规模的支援；国民党统治区的中共地下组织和革命群众也为战争的胜利做出了贡献。当时，解放军的装备虽已改善，但运输条件还极差。供应前方庞大部队的需要，全靠肩挑背负，小车推送。据统计，仅为支援淮海战役，动员起来的民工累计即达543万人，向前线运送1460多万斤弹药、9亿6千万斤粮食等军需物资。陈毅曾深情地说过，淮海战役的胜利是人民群众用小车推出来的。解放战争得到广大人民的热烈支持，这是一个有力的证明。

三大战役的胜利，是毛泽东军事思想的胜利。以毛泽东为首的中共中央、中央军委以伟大的革命气魄和高超的军事指挥艺术，及时抓住战略决战的时机，正确选定决战方向，并针对东北、华东、华北战场的不同情况制定出各具特点的作战方针，有力地保证了这场伟大的战略决战的胜利。

镇南关大捷

镇南关大战是中法战争中，清军在广西镇南关（今友谊关）大败法国侵略军的一次战斗。1884年8月23日，福建水师在马尾海战中全军覆没，打破了清政府苟且偷安的迷梦。8月26日，清政府向法国宣战，命令陆路各军迅速向越南进兵，沿海各地加强戒备，严防法军侵入。中法战争在海上和陆路同时展开。

1884年10月，法国舰队进犯台湾，强占基隆。台湾守军在刘铭传指挥下退守淡水。孤拔亲率舰队驶抵淡水港外，炮轰淡水炮台，并派兵登陆，被守军击退，法军进攻受挫，改用封锁方法，孤立台湾守军。1885年3月，法军攻占澎湖。但当他们北犯镇海时却遭到中国守军的炮击。孤拔坐舰也被击中，只得率舰队退往澎湖，不久即死在那里。

陆路战场仍集中在中越边境地区和越南北部。1884年底，刘永福的黑旗军配合西线清军，围困占据宣光城的法军达3个月之久，城中法军几乎弹尽粮绝。但随着法国援兵的到来，宣光未能攻克。1885年2月，法国再次增兵越南，在法军统帅波里也指挥下，集中两个旅团约万余人的兵力向谅山清军发动进攻，广西巡抚潘鼎新不战而退。2月13日，法军未经战斗，即占领战略要地谅山。2月23日，法军进犯文渊洲，守将杨玉科力战牺牲，清军纷纷后撤，法军乘势侵占广西门户镇南关。

由于潘鼎新的战败，清政府革去他广西巡抚职务，任命年近七旬的老将冯子材帮办广西军务，领导镇南关前线的抗法斗争。冯子材赶到镇南关后，根据前线清军各部之间多存派系门户之见的情况，首先召集前敌诸将晓以大义，使各将领在抗击侵略者的斗争中团结起来。这时，法军由于兵力不足，补给困难，已从镇南关退至文渊（关外15公里处）、谅山，准备组织新的进攻。

根据当前敌情和镇南关周围的地形条件，冯子材经过反复勘察，选定关前隘（今隘口南）为预设战场。关前隘在镇南关内约4公里处，东西两面高山夹峙，中间为宽约1公里的隘口。冯子材命令部队在关前隘筑起一道长1.5公里、高2米多、宽1米多的土石长墙，横跨东西两岭之间，墙外挖掘1米多深的堑壕，东西岭上修筑堡垒数座，从而形成一个较为完整的山地防御体系。在兵力部署上，前线兵力60余营，3万余人。

一切准备就绪后，为了打乱法军的进犯计划，冯子材决定先发制人。3月21日，冯子材率部出关夜袭法军占据的文渊，击毁敌炮台两座、毙伤法军多人，取得较大胜利。

清军的主动出击，使骄横的法军恼羞成怒。法军东京军区副司令尼格里上校决定不等援军到齐即发起进攻。3月23日晨，法军1000余人趁大雾偷偷进入镇南关内，另以千余人屯关外东南高地为后继。上午10时许，入关法军在炮火掩护下，分两路进犯关前隘，攻占了东岭三座堡垒，并猛攻长墙。在丢失三座堡垒的危急关头，冯子材大声疾呼："法再入关，有何面目见粤民？何以生为？"守卫清军在冯子材的爱国热情鼓舞下，英勇抗击，誓与长墙共存亡，阻止了敌人的前进。

3月24日晨，尼格里指挥法军分三路再次发起攻击，沿东岭、西岭、中路谷地猛扑关前隘。冯子材传令各部统领，无论何军何将，都不准后退，违者皆斩。当敌人逼近长墙时，冯子材持矛大呼，率领两个儿子跃出长墙，冲入敌阵，全军为之感奋，一齐涌出，与敌白刃格斗，战斗异常惨烈。战至中午，中路法军败退。与此同时，清军在东岭西岭也与法军展开了激烈争夺战。法军三面被围，伤亡甚众，后援断绝，弹药将尽，开始全线溃退，尼格里只得下令撤退，丢下数百具尸体，狼狈逃回文渊。冯子材挥军乘胜追击，连破文渊、谅山，歼敌千余人，重伤尼格里，取得重大胜利。

镇南关之战，清军各部在冯子材的调度指挥下，密切协同，严密防守，与法国侵略军激战数日，打退了法军的进攻，毙伤敌军精锐近千人，缴获了大量枪炮和干粮，取得了中法开战以来最大的一次胜利，极大地鼓舞了中越两国军民的斗志，沉重打击了法国侵略者的嚣张气焰，从根本上改变了中法战争的形势，使中国反败为胜。

明京师保卫战

明京师保卫战是明朝以于谦为首的军民抵抗蒙古瓦剌军侵犯的正义战争。瓦剌是居于漠北的蒙古族三部之一。明朝初年，脱欢统治瓦剌。英宗正统四年（1439年），脱欢死，子也先继父即太师位，自称淮王。他东征西讨，势力大盛，梦求再现大元一统天下的局面，其锋芒直指中原的明朝。

正统十四年（1449年）初，也先统率所部向明朝进攻，自己率领人马攻打大同。时太监王振专权，他挟英宗仓促亲征。8月初，英宗带领50万大军前往大同迎战，刚至大同，王振听说各路军马接连失败，急忙退兵至四面环山的土木堡（今河北怀来境内），被也先追至，从征官员和士兵死伤过半，英宗被俘，史称"土木堡之变"。也先乘明廷无主，国无重臣，主力溃散，京师空虚，人心未固之机，继续南攻，企图占取明都城京师，迫明投降。

败讯传到京师，举朝震恐，文武百官聚集在殿廷上号啕大哭。皇太后命英宗弟朱祁钰监国，召集群臣，共商国是。翰林院侍讲徐珵主张迁都南逃。时任兵部侍郎的于谦坚决反对。他说，主张南迁者，罪当斩首！京师是天下的根本，一动则大势便去。他针对危局，奏请确立新君，主持朝政，以固人心。并迅速调集各地勤王兵入援京师，誓死抗击瓦剌军，保卫京师的安全。于谦的主张得到皇太后、朱祁钰及大多数朝臣的赞同和支持。于是，于谦将两京、河南的备操军，山东、南京沿海的备倭军，江北及北京诸府的运粮军，全部调进北京。有了这些人力和财力条件，京师人心渐趋安定。8月，于谦升任兵部尚书。9月，朱祁钰即皇帝位，遥尊英宗为太上皇，以次年为景泰元年，他就是明景帝。景帝登位，使瓦剌借英宗要挟明廷的阴谋破产，具有一定的政治意义。

十月初一，瓦剌军分三路大举进攻京师。东路军2万人从古北口方向进攻密云，作为牵制力量。中路军5万人，从宣府方向进攻居庸关。西路军10万人由也先亲自率领，挟持英宗自集宁经大同、阳和（今阳高），攻陷白羊口（今天镇北）后，挥师南下，直逼紫荆关。明廷得知瓦剌已向京师逼攻，立即戒严京城。初五日，诏诸王遣兵入卫。初八日，景帝命于谦提督各营兵马，将士皆受其节制。初九，也先抵紫荆关亲自督战。投降瓦剌军的明朝宦官喜宁熟知紫荆关关防部署，引导瓦剌军偷越山岭，腹背夹攻关城，守将韩青、孙祥战死，紫荆关被攻破。瓦剌军便由紫荆关和白羊口两路进逼北京。

明廷召集文武大臣商讨战守京师策略。京师总兵官石亨提出："毋出师，尽闭九门，坚壁以老之。"于谦认为不可，面对强敌，不能示弱，主张到城外背城迎接敌人，将22万大军列阵于京师九门之外。石亨和范广镇守德胜门（位于城北西侧）；都督陶瑾镇守安定门（位于城北东侧）；广宁伯刘安镇守东直门（位于城东北侧）；武进伯朱瑛镇守朝阳门（位于城东南侧）；都督刘聚镇守西直门（位于城西北侧）；副总兵顾兴祖镇守阜成门（位于城西南侧）；都指挥李端镇守正阳门（位于城南）；都督刘德新镇守崇文门（位于城南东侧）；都指挥汤节镇守宣武门（位于城南西侧）。于谦身先士卒，到防守的重点德胜门亲自督战。军阵部署完毕后，"悉闭诸城门"，以示背城死战的决心。于谦还下令："临阵，将不顾军先退者，斩其将；军不顺将先退者，后队斩前队。"

10月11日，瓦剌军抵北京城下，列阵西直门外，把英宗置于德胜门外空房内，企图迫使明军献城。于谦暂隐主力，采用小部兵力处处袭击，搅乱敌军。当天晚上，高礼、毛福寿在彰义门北迎击瓦剌军，杀敌数百人，军威大振，迫使瓦剌军不敢贸然进攻。13日，也先集中主力进攻德胜门。于谦早料到瓦剌军可能要从这里进攻，就派石亨预先埋伏于德胜门外道路两旁的空房中，明军只派少量精骑迎战瓦剌军。接战后，佯装败退，瓦剌军以万余骑追来。待瓦剌军进入明军伏击圈时，范广出敌不意，指挥神机营突发火炮、火铳，同时，石亨所领伏兵突起夹攻。瓦剌军大败，有"铁元帅"之称的也先的弟弟孛罗和平章卯那孩都中炮身亡。瓦剌军又转攻西直门，明守将都督孙镗率师迎接。战斗打得十分激烈，明军斩敌前锋数人，迫其北退，孙镗又率军追击。瓦剌军合围孙镗，孙镗尽力拼杀，一度退到城边。幸高礼、毛福寿和石亨率兵前来增援，瓦剌军三面受敌，被迫退去。

这次战斗后，于谦根据战斗中暴露出来的问题，重新做了部署，加强了西直门和彰义门之间的军事力量，命毛福寿于京师西南各要口设置伏兵，以待策应。将领之间要加强联系，互相应援。瓦刺军在德胜门和西直门受挫后，又在彰义门发动进攻。于谦命武兴、王敬、王勇率军迎战瓦刺军。明军神统、弓矢、短兵前后相继，挫败了敌军的前锋。但明军自己也乱了方阵，瓦刺军乘机反击，明军败退，武兴中流矢死。瓦刺军追到土城，土城一带的居民，掷砖投石，阻遏了瓦刺军的进攻。明援军赶到，瓦刺军仓皇逃走。

也先原以为明军不堪一击，京师旦夕可陷。但经过5天的激战，明军屡获胜利，士气旺盛。瓦刺军屡败，士气低落。而进攻居庸关的5万瓦刺军，因天大寒，明守将罗通汲水灌城，墙壁结冰，瓦刺军无法进攻。经过7天的战斗，瓦刺军的进攻均被击退。罗通三次出关追击，斩敌无数。

也先又听说明援军将集，恐断其归路，遂于10月15日夜下令北退。于谦命明军乘胜追击，24、25日明军在霸州（今河北霸县）、固安等地大败瓦刺军。各地人民因不堪瓦刺军的骚扰，也组织起来进行袭击。明军夺回了瓦刺军沿途掳获的许多的百姓和财物。至十一月初八，瓦刺军退出塞外，京师围解。京师保卫战取得了辉煌的胜利。

也先退走后，声言要送英宗回朝。明廷内部出现了议和妥协的苗头。于谦沉着谨慎，指出也先的阴谋在于借此向我索取财物，万万不能中敌人的奸计，申戒各边镇将帅要一如既往地做好防御工作。也先在景泰元年（1450年）的几次侵扰边寨均被明军击退。为了加强京师的防卫力量，于谦又对京军三大营进行了改编。明朝边疆和京师防守力量的增强，使也先无隙可乘，也先利用英宗进行诱降、胁和、反间的政治阴谋又被明朝识破，拒绝与他议和言好。在这种情况下，为了恢复与明朝的通贡和互市，也先于景泰元年八月无条件将英宗送回北京，恢复了与明朝的臣属关系。这充分显示了于谦领导明军抗击瓦刺军、保卫京师的彻底胜利。

秦统一六国之战

　　秦统一六国的战争，既是战国末期最后一场诸侯兼并战争，又是中国历史上最早的一场封建统一战争。从公元前230年到公元前221年，秦国用了10年的时间，相继灭掉了北方的燕、赵，中原的韩、魏，东方的齐和南方的楚六个国家，结束了春秋以来长达500余年的诸侯割据纷争的战乱局面，建立了中国历史上第一个中央集权的统一国家。

　　战国后期，只剩下齐、楚、燕、韩、赵、魏、秦七个大的诸侯国，史称战国七雄。七雄局面的形成，既是春秋以来兼并战争的结果，又是中国统一的前奏。为增强国力，统一全国，七雄相继展开了富国强兵的变法活动。但其中最有成效的是秦国商鞅变法。公元前359年，秦孝公任用商鞅，变法改革，国力逐步强盛。从秦孝公到秦王政的100多年时间中，秦国国力更加强盛，在军事制度方面实行按郡县征兵，完善了军队组织，提高了军队战斗力，士卒勇猛，车骑雄盛，远非其他六国可比。六国面对强秦的威胁，虽然屡次合纵抗秦，但在秦国连横策略下先后瓦解而失败。他们时而"合众弱以抗一强"，时而"恃一强以攻众弱"，无法形成稳固统一的抗秦力量，给秦国各个击破以可乘之机。

公元前238年，秦王政开始亲政，周密部署统一六国的战争。李斯、尉缭等协助秦王制定了统一全国的战略策略，即笼络燕齐，稳住楚魏，消灭韩赵，然后各个击破，统一全国。

公元前236年，秦王政乘赵攻燕、国内空虚之际，分兵两路大举攻赵，拉开了统一战争的帷幕。秦国经过数年连续攻赵，极大地削弱了赵国实力，但一时无力灭亡赵国。于是秦国转攻韩国，公元前231年，攻下韩国南阳，次年，秦内史滕率军北上，攻占韩国都城阳翟（今河南禹州市），俘虏韩王安，在韩地设置颍川郡，韩国灭亡。

公元前229年，秦大举攻赵，名将王翦率军由上党（今山西长治市）出井陉（今河北井陉县），端和由河内进攻赵都邯郸。赵国派大将李牧迎战，双方屡有胜负，陷入僵局，相持一年之久。后来赵王中了秦的反间计，撤换李牧，由于临阵易将，赵军士气受挫，失去了相持能力。公元前228年，王翦向赵国发起总攻，秦军很快攻占了邯郸，俘虏赵王迁，残部败逃，赵国灭亡。

秦国在攻赵的同时，兵临燕境。燕国无力抵抗，太子丹企图以刺杀秦王的办法挽回败局。公元前227年，燕丹派荆轲以进献燕国地图为名，谋刺秦王政，结果阴谋暴露，被秦王处死。秦王政以此为借口，派王翦率兵攻打燕国，秦军在易水（今河北易县境内）大败燕军。次年10月，王翦攻陷燕国都蓟（今北京市），燕王喜与太子丹率残部逃到辽东（今辽宁辽阳市），苟延残喘，燕国名存实亡。秦国灭掉韩赵，重创燕国以后，北方大部分地区已为秦有，只有地处中原的魏国，孤立无援。公元前225年，秦将王贲率军出关中，东进攻魏，迅速包围魏都大梁（今河南开封市）。秦军引黄河水灌城，攻陷大梁，魏王假投降，魏国灭亡。

早在秦军攻取燕都时，秦国已把进攻目标转向楚国。公元前226年，秦王政问诸将攻楚需要多少兵力，老将王翦认为楚国地广兵强，必须有60万军队才能伐楚，而李信则说只用20万军队就能攻下楚国。秦王以为王翦因年老怯战，没有听取他的意见，派李信和蒙恬率军20万攻打楚国。楚将项燕率军反击，在城父大败秦军，李信败逃回国。公元前224年，秦王政亲自向王翦赔礼，命他率60万大军再次伐楚，双方在陈（今河南淮阳县）相遇，王翦按兵不动，以逸待劳，楚军屡次挑战，秦军不与交战，项燕只好率兵东归。王翦乘楚军退兵之机，挥师追击，在蕲（今安徽宿州市）大败楚军，杀楚将项燕。次年，秦军乘胜进兵，俘虏楚王负刍，攻占楚都郢（今湖北荆州市），设置郢郡，楚国灭亡。

五国灭亡后，只剩下东方的齐国和燕赵残余势力。公元前222年，秦将王贲率军歼灭了辽东燕军，俘虏燕王喜，回师途中又在代北（今山西代县）俘获赵国余部代王嘉，然后由燕地乘虚直逼齐国。齐王建慌忙在西线集结军队，准备抵抗。公元前221年，秦军避开西线齐军主力，从北面直插齐国都城临淄（今山东淄博市）。在秦国大兵压境的形势下，齐王建不战而降，齐国灭亡。

秦统一六国战争的胜利，是由于秦国在战争中战略战术运用得当。秦王政在位时期，国力富强，有足够的人力物力供应战争，在战略上处于进攻态势，势如破竹，摧枯拉朽，相继灭掉诸国。在战术上，秦国执行了由近及远，先弱后强的方针，首先灭掉了毗邻的弱国韩赵，然后中央突破，攻燕灭魏，解除了北方的后顾之忧。最后消灭两翼的强敌齐楚，这种战术运用是符合实际情况的。在具体战役中，秦国运用策略正确，如在灭韩赵的战争中，根据具体情况，而不是完全机械地按"先取韩以恐他国"的既定方针，而是机动灵活，赵有机可乘则先攻赵，韩可攻则灭韩。灭楚战役是在检讨了攻楚失策后，根据楚国实力集中优势兵力攻楚而取胜的。攻打齐国避实就虚，出奇制胜。相反，六国方面势力弱小，在战略上又不能联合，各自为战，根本不能阻挡秦国的进攻，战争中消极防御，被动挨打，以至一个个被秦国消灭。

甲午平壤之战

19世纪90年代，世界主要资本主义国家逐渐完成了向帝国主义阶段的过渡，争夺殖民地和分割世界领土的斗争进入一个新的阶段。后起的帝国主义国家日本为了推行称霸世界的既定国策，把侵略矛头对准了邻近的朝鲜和中国，在1894年发动了侵略朝鲜和中国的战争，史称甲午战争。平壤之战就是战争初期中日两国之间在朝鲜平壤地区进行的一次重要战斗。

日本对朝鲜和中国的侵略野心由来已久。从1868年明治维新后，就把朝鲜和中国东北作为扩张的首要目标。1893年决定成立战时大本营，完成了侵略中、朝的战争准备。

1894年1月，朝鲜爆发了东学党起义，朝鲜政府请求清朝派兵帮助镇压。1894年6月4日，中国决定派兵入朝。日本认为发动侵略战争时机已到，于6月5日正式成立大本营，并派兵进入朝鲜。6月9日至12日，清军2000余人在聂士成、叶志超率领下进驻离汉城70多公里的牙山地区，而日军早在10日就已强行进驻汉城。到6月16日，进入朝鲜的日军已达5000人。中日两国军队形成对峙，形势一触即发。

但是，清政府内部以慈禧太后、李鸿章为代表的当权派，面对日本的侵略、挑衅，一味避战求和，希望通过列强调停，和日本达成妥协。日本则利用清政府的求和方针与列强的"调停"，从容地做好了军事部署。7月23日，日军占领朝鲜王宫，组织傀儡政权，迫使朝鲜傀儡政权向中国宣战。7月25日，日本军舰不宣而战，在丰岛海面突然袭击中国护航舰只和运兵船，挑起了中日战争。7月29日，日军进犯牙山、成欢，叶志超弃守牙山，逃奔平壤，聂士成部也因众寡悬殊，败退公州，和叶志超合军撤至平壤。

8月1日，中日双方互相宣战。但是，清政府并没有坚决抗击的决心，采取的是消极抵抗的方针。增援朝鲜战场的四路清军直至8月上旬才到达平壤。叶志超部8月下旬也到达平壤。此时驻扎平壤的各路清军共2万余人，逃将叶志超被任命为各路清军的总指挥，组织防御。

日军方面在打败牙山、成欢清军后，即准备北攻平壤。9月2日，在朝日军第五师团长陆军中将野津道贤决定将1.5万日军分作四路进攻平壤。

陆军大佐佐藤正率兵3000自元山登陆，攻平壤北部，截断清军后路。四路分进合击，定于9月15日包围平壤，发动总攻。9月14日晨，元山、朔宁两支队一齐发起攻击，攻占城北山顶清军营垒数座。左宝贵亲自督队争夺，未能成功，只得率部退入城内。当晚，叶志超见城北形势危急，主张弃城逃跑，遭到左宝贵等将领的反对。左宝贵派亲军监视叶志超，防止其逃跑。

15日晨，日军按计划发动总攻。大同江东岸的日军混成第九旅团在大岛义昌率领下分三路进攻平壤城东南。扼守大同江东岸的清军奋力抵抗，与进攻之敌展开肉搏，自晨至午后，终于打退了日军的进攻。北路战斗更加激烈。日军于当天拂晓再次发起进攻，左宝贵亲自登玄武口指挥，不幸中炮阵亡。日军于中午占领玄武门。在此紧急关头，作为主帅的叶志超不是部署力量加强防守，而是让部将在城头竖起白旗投降，并下令撤军。当时东西两路清军已将进攻之敌击溃，正准备乘胜出击，接到撤军命令后只得率部回城。

当晚，叶志超乘夜暗率守军仓皇逃出平壤。日军于城北山隘堵截，打死打伤清军2000余人，俘虏数百人。清军退至顺安时，又遭日军拦击，损失惨重。16日，叶志超等逃至安州，然后又往义州逃跑。至24日，清军全部退过鸭绿江，撤至境内。

日军随之占领朝鲜全境，并将战火烧到中国境内。

平壤之战前后不过两天，清军即竖白旗乞降，撤出平壤，使敌仅以伤亡600余人的代价即占领平壤并进而占领朝鲜全境，这一战争结果完全是由于清政府的腐败和前敌主帅昏聩无能造成的。

辽沈战役

1948 年秋，人民解放战争进入夺取全国胜利的决定性阶段。

这时，人民解放军已由战争开始时的 120 万人发展到 280 万人，其中野战军 149 万人；在装备上已有很大改善，新增的装备是从敌方缴获来的，可以说是由美国经过国民党军队供应的。人民解放军建立起强大的炮兵和工兵，提高了攻坚能力，取得了打阵地战的经验；经过用"诉苦"和"三查"（查阶级、查工作、查斗志）方法进行的整军运动，部队的政治觉悟和军事技术进一步提高。各解放区相继连成一片，面积达 235 万 5000 平方公里，占全国总面积的 24.5%，人口有 1 亿 6 千 8 百人，占全国总人口的 35.3%。解放区内已基本上完成土地制度改革，广大农民的革命和生产的积极性空前高涨，解放军的后方进一步巩固。

与此相反，国民党军队已由战争开始时的 430 万人下降为 365 万人，由于大批部队担任守备，可用于第一线的兵力仅 174 万人；而且士气低落，战斗力不强；国民党政府虽然还统治着全国 3/4 的地区和 3/2 的人口，但由于遭到广大人民的强烈反对，处境十分孤立。在这种情况下，它在军事上不得不放弃

"全面防御"而实行"重点防御"。它的五个战略集团（即胡宗南集团、白崇禧集团、刘峙集团、傅作义集团、卫立煌集团）已被解放军分割在西北、中原、华东、华北、东北五个战场上，相互间难以取得配合，主要担任战略要地和交通线的守备，能进行战略机动的兵力为数不多，国民党已经没有完整的战线，国民党的统治也正面临濒于崩溃的局势。

情况表明，人民解放军同国民党军队进行战略决战的时机已经到来。但是国民党军队的总兵力还超过人民解放军。在此情况下，敢不敢进行决战、打前所未有的大仗，敢不敢攻克敌人占领的重要城市、歼灭敌人的强大兵团，成了解放战争战略决策上的重大问题。这时国民党当局又正准备实行战略部署的重大变动。1948年8月，他们在南京召开"军事检讨会"，决定将作战重点置于黄河以南、长江以北地区；计划在东北"彻底集中兵力确保辽东、热河"，以利巩固华北，达到屏障黄河以南之作战的目的；在西北，则力求确保关中、汉中，以掩护其对西南防线的经营。如果让国民党从容实施这种战略收缩的部署，必将增加解放军以后作战的困难。以毛泽东为首的中共中央科学地分析了战争形势，当机立断，及时抓住战略决战的有利时机，连续组织了辽沈、淮海、平津三大战役，并使三大战役之间和各战役的各个阶段之间有机地联系起来，一环扣一环、一个胜利接一个胜利地向前发展。

战略决战，需要贯彻分批歼敌的方针。中共中央正确选定了第一个歼击目标，即首先在东北战场展开决战。这是因为，它既可以粉碎国民党军队的战略收缩企图，又可以使东北人民解放军腾出手来转入关内作战，还可利用东北的工业支援全国解放战争，从而有利于整个战局的发展。当时，东北战场的态势对人民解放军也最为有利，夺取决战胜利较有把握。东北的国民党军队虽然还有55万人，但已被分割压缩在长春、沈阳、锦州3个孤立的地区；而东北解放军正规部队总兵力达70万人，连同地方兵团30万人，共计100万人，在数量上已大大超过敌人。东北的解放区面积已占97%，人口占86%，2100多公里的铁路线中2000公里已掌握在人民手中，经过土改和清剿土匪，后方巩固。这些有利条件在其他战场上暂时还未具备。中共中央决定把战略决战的方向首先指向东北战场，使初战胜利能比较稳妥可靠。

战略决战的序幕是在山东战场上揭开的，这就是1948年9月16日至24日的济南战役。在这个战役中，华东野战军集中强大兵力对济南这个重要战略城市发动攻击，经八昼夜激战，争取国民党军队整编第九十六军吴化文部两万人起义，歼守敌11万人，生俘国民党第二"绥靖"区司令官王耀武。这是人民解放军解放敌人重点设防的大城市的开始，也是蒋介石以大城市为重点的防御体系总崩溃的开始。济南的攻克，使华北、华东两大解放区完全连成一片，大大改善了支援前线的条件；也使华东解放军能全部南下，协同中原解放军在陇海铁路以南进行更大规模的歼灭战。这是一次重大的胜利。从9月12日开始，东北解放军集中主力70万人，发动了声势浩大的辽沈战役。

当时对东北战场，中共中央认为，从战略上考虑，"以封闭蒋军在东北加以各个歼灭为有利"。蒋介石对孤悬关外的55万国民党军队是守是撤，一时还举棋不定。如果让卫立煌指挥的这部分军队撤向关内，国民党就可以保住这个比较完整的战略集团，而且可以使它同在华北的傅作义集团结合起来，对解放战争日后的发展带来困难。毛泽东指出，要预见到敌人撤出东北的可能性。为了就地全歼东北敌军，东北野战军必须首先集中力量控制北宁线，攻克锦州，以关死东北的大门。但东北野战军司令员林彪片面强调南下作战的困难，主张先打长春。经过一段时间的犹豫后，经过中共中央多次批评，他才决心南下改打锦州。

9月12日，东北野战军在林彪、罗荣桓指挥下开始攻锦作战。蒋介石急忙调集华北、山东的一部分兵力组成东进兵团，并以沈阳主要兵力组成西进兵团，两路增援锦州。解放军在塔山、虹螺岘一线对敌东进兵团进行英勇阻击；敌西进兵团也被解放军顽强阻击于黑山、大虎山东北地区。10月14日，东北野战军对锦州发起总攻，经过31小时激战，全歼守敌近9万人，生俘国民党东北"剿总"副总司令范汉杰。

锦州的解放促使长春守敌一部分起义，其余全部投降。东北国民党军队向关内的退路已被切断。蒋介石仍严令廖耀湘率领西进兵团夺回锦州。东北野战军在攻占锦州后，立即从南北两翼合围包括国民党军队精锐主力新一军和新六军在内的廖兵团。10月26日完成对廖兵团的分割包围。经过两日一夜激战，全歼该敌10万人，生俘廖耀湘。东北野战军乘胜追击，于11月2日解放沈阳、营口，东北全境获得解放。

辽沈战役历时52天，歼敌472 000人，人民解放军从此在数量上开始对国民党军队有了优势，使中国革命形势发展到一个新的转折点。东北的解放，不仅使近百万东北野战军成为一支强大的战略后备队，为以后解放平津与华北创造了有利的条件，而且使解放战争获得了一个巩固的、具有一定工业基础的战略后方。

黄海海战

甲午战争爆发后，日本海军按原定作战计划，准备在黄海寻歼中国北洋海军。1894年9月17日，中日海军在黄海北部海域相遇，遂爆发了中国近代海军建军以来最大的一次海战，给中日战争尔后的进程带来了重大影响。

1894年7月，中日两国军队齐集朝鲜，战争迫在眉睫。7月中旬，日本海军主力舰艇在佐世保军港集结，成立联合舰队，下分本队和第一、第二游击队。7月23日，日本联合舰队从佐世保起航。7月25日，日舰"吉野""浪速""秋津洲"于丰岛海面袭击中国运兵船和护航舰只，获得成功，使日本增强了战胜中国海军的信心。自此以后，联合舰队一直活动于朝鲜海域，一面掩护后续陆军和军械粮秣的海上运输，一面声援日军的陆路作战。8月5日，日本大本营命令联合舰队搜索和击破中国舰队，日舰随即于8月7日从隔音岛出发，驶往黄海西部海面。

北洋舰队方面受李鸿章避战保船思想的牵制，自7月25日丰岛海战之后，只敢在大同江口和威海卫军港之间来回巡弋。后来，日舰窜至旅顺口、威海卫港外，威胁到沿海地区的安全，清政府于是在8月23日急令北洋舰队应在威海、大连湾、烟台、旅顺等处"来往梭巡，严行扼守，不得远离，勿令一船阑入"。此后，北洋舰队再未远巡，不出北洋一步，将制海权轻易让给日本，使北洋舰队日益陷入消极自保的被动局面。

9月上旬，清政府鉴于平壤之战即将爆发，准备增派援兵。为了争取时间，决定将驻防大连一带的总兵刘盛休所部铭军8营4000人由海道运至中朝边界大东沟登陆，再辗转前线。9月15日，北洋舰队主力抵达大连湾，担任船队的护航任务。9月16日凌晨，丁汝昌率"定远""镇远""济远""致远""靖远""经远""来远""平远""超勇""扬威""广甲""广丙""镇南""镇中"14舰及"福龙""左队一""右队二""右队三"4艘鱼雷艇从大连出发，护送铭军，当日午后抵大东沟。晚上，铭军上岸，到达目的地。不过，此时平壤已经失陷，铭军无法起到应援的作用。

日本联合舰队得知中国海军将护送陆军赴朝的消息后，判断北洋舰队有可能在鸭绿江口一带，于是于16日下午出发，向黄海北部的海洋岛航进，17日晨抵达该岛附近。日本共12艘军舰分别是："松岛""严岛""桥立""扶桑""千代田""比睿""赤城""西京丸""吉野""高千穗""秋津洲""浪速"。9月17日上午10时30分左右，北洋舰队正准备起锚回航旅顺，发现日本舰队自西南驶来，丁汝昌即命令舰队起锚迎战。日本舰队随后也发现了北洋舰队。北洋舰队开始成"并列纵阵"（"定远""镇远"两舰居前），以每小时五海里的速度向西南方向航进。日本则以第一游击队"吉野""高千穗""秋津洲""浪速"4艘速率最高的巡洋舰为先锋，联合舰队司令乘旗舰"松岛"，率领本队"千代田""严岛""桥立""比睿""扶桑"跟进，12时许，又将"西京丸""赤城"移至本队左侧。

丁汝昌见日舰成"单行鱼贯阵"扑来，决定采取主舰居中的"夹缝雁行阵"（交错配置的双横队）应战。但由于旗舰"定远"舰速度过快，"济远""广甲"等舰未能及时跟上，阵形因此成为半月形而类似"后翼梯阵"。

12时50分，双方在大鹿岛（大洋河口外）西南3海里处开始交火。"定远"首先发主炮攻击，其余各舰相继开炮，但均未击中目标。战斗开始不久，"定远"发炮震塌飞桥，丁汝昌摔伤，信旗被毁，各舰失去指挥。日第一游击队4舰陆续以其右舷速射炮猛轰"扬威""超勇"，二舰相继被击中起火，退出战斗。日舰"吉野"也被北洋舰队击中起火，但很快被扑灭。13时30分左右，"超勇"沉没。

当日本第一游击队绕攻北洋舰队右翼时，本队也与北洋舰队主力交相攻击。日舰"比睿""赤城"被北洋舰队截击。"定远""来远""经远"重创"比睿""赤城"。"赤城"舰长坂元八郎太当场毙命。"西京丸"也受重伤。但是，日本舰队利用其航速快、便于机动的优点，第一游击队和本队互相配合，至14时15分左右，本队已绕至北洋舰队背后，与第一游击队形成夹击之势。北洋舰队腹背受敌，队形更加混乱。在混战中，"致远"舰多处受伤，船身倾斜。日舰第一游击队救援"赤城""比睿"。"吉野"冲在最前面，正遇上"致远"。管带邓世昌见"吉野"十分猖狂，毅然下令开足马力，准备用冲角撞击"吉野"，以求与敌同归于尽，不幸被鱼雷击中沉没，邓世昌等250名官兵壮烈牺牲。

"经远"继续迎战"吉野"，也中弹起火，管带林永升、大副陈策阵亡，随后舰也被击沉，250余名官兵殉难。

"致远"沉没后，"济远""广甲"临阵脱逃。"靖远""来远"因中弹过多，退出战斗，避至大鹿岛附近紧急修补损坏的机器。

在"致远""经远"等舰同第一游击队激战的同时，"定远""镇远"两舰正顽强抵抗着日舰本队的围攻，虽中弹甚多，几次起火，全体官兵仍然坚持奋战，重创敌旗舰"松岛"，打死打伤炮台指挥官海军大尉志摩清直以下100多人。

不久，"靖远""来远"抢修完毕，重新投入战斗。"靖远"帮带大副刘冠雄见"定远"号旗桅杆断裂，不能升旗指挥，建议本舰代悬信旗集队，指挥各舰绕击日舰。这时，日旗舰"松岛"已经瘫痪,"吉野"也丧失了战斗力,其余日舰也都伤亡惨重,不能再战,又见北洋舰队重新集队,便于17时40分左右撤出战场。北洋舰队稍事追击,也收队返回旅顺。历时5个多小时的黄海海战到此结束。

黄海海战历时5个多小时,其规模之大,时间之长,为近代世界海战史上所罕见。

海战的结果是北洋舰队损失"致远""经远""超勇""扬威""广甲"("广甲"逃离战场后触礁,几天后被自毁)5艘军舰,死伤官兵千余人;日本舰队"松岛""吉野""比睿""赤城""西京丸"5舰受重伤,死伤官兵600余人。北洋舰队的损失大于日方。黄海海战以后,由于北洋舰队不敢再战,日本基本上掌握了黄海制海权,对后来中日战争的进程产生了重大影响。从这个意义上说,北洋舰队在黄海海战中是失利了。失利的原因一是北洋舰队指挥失误,排出的阵形不利于进攻,发挥不了己方舰队在舰艇数量、大口径火炮和防护能力等方面的优势,开战不久即失去统一指挥,始终处在被动地位;二是"济远"率先逃跑,影响了斗志;三是弹药不充足。日方则充分利用其航速、中小口径速射火炮方面的优势,运用灵活的战术,掌握了战场主动权。

唐平定安史之乱

　　唐朝平定安史之乱的战争，是唐中叶朝廷中央集权与地方割据势力分权的一场统治阶级内部权力再分配的斗争。这场战争从唐玄宗天宝十四年（755年）安禄山起兵反唐，到代宗宝应二年（763年）史朝义兵败，前后长达8年之久，中经洛阳之战、常山之战、太原之战、睢阳之战、河阳之战等重大战役，最后以唐朝平定叛乱结束。

　　唐朝中期以后，府兵制度破坏，募兵制逐渐产生，驻守边防城镇的节度使大量招募军队，在其防地内逐渐取得了政权、财权和兵权，势力渐渐壮大。朝廷权力被藩镇割据势力分割，形成外重内轻局面。

　　天宝元年（742年），唐全国有55万军队，其中49万驻守边境，归各地节度使掌握。河北边防重镇平卢（今河北卢龙县）、范阳（今北京市）节度使更是兵精将广，势力强大。在藩镇统治地区连年征战，攘夺不休，这种局面使藩镇节度使争夺最高统治权力的野心不断膨胀，终于酿成安史之乱。

　　天宝十四年（755年）十一月，安禄山以讨伐权相杨国忠为名，在范阳起兵反唐。安禄山叛兵由范阳南下，一路攻陷藁城、陈留（河南开封市）、荥阳，直逼洛阳。唐朝命荣王李琬为元帅，右金吾大将军高仙芝为副元帅，讨伐叛军。叛军田承嗣、安守忠进攻洛阳，守将封常清军队被叛军骑兵冲杀，大败溃逃，叛军攻占洛阳，封常清逃走。叛军追击高仙芝军队，唐军大乱，人马践踏，死者不可胜数。后唐军退守潼关，才阻住叛兵西进。在河北，平原（今山东德州市）太守颜真卿、常山（今河北正定县）太守颜杲卿兄弟相约阻击叛军。史思明率兵攻打常山，颜杲卿昼夜拒战，终因粮尽无援，常山失守，颜杲卿及一家30余人被害。常山之战虽然失败，但却牵制了叛军攻打潼关的兵力，减轻了关中的压力。

　　天宝十五年（756年）正月，安禄山在洛阳称大燕皇帝，准备西进夺取长安（今陕西西安市）。唐玄宗任命河西陇右节度使哥舒翰为兵马副元帅，扼守潼关。哥舒翰采用以逸待劳战术阻击叛军，等待决战时机成熟。但玄宗屡次催促他出战，哥舒翰不得已出关与叛军决战，结果唐军大败，哥舒翰力战被俘，投降了安禄山。潼关既破，长安已无险可守，玄宗仓皇逃往四川。

　　当叛兵攻下长安时，玄宗之子李亨逃到灵武，即位称帝，是为肃宗。肃宗整军经武，准备收复两京，中兴唐朝。唐将郭子仪率兵5万赴灵武，李光弼赴太原抗敌，肃宗政权始能立足。然而李亨任用志大才疏的房绾谋划军国大事，命他率兵收复两京。房绾于是分兵3路，向长安进发。他迂腐地效用古代车战之法，用2 000辆牛车，两翼由步兵和骑兵掩护，与叛军安守忠在咸阳附近作战，敌军乘风纵火，拉车的老牛吓得四处乱宵，唐军死伤4万余人，部将杨希文、刘贵哲投降叛军，房绾只带数千人逃归灵武。

至德二年（757年）正月，安禄山为其子安庆绪所杀。这年，史思明、蔡希德率兵10万两路围攻太原，准备攻下太原，长驱朔方（今宁夏灵武县西南），消灭肃宗政权。唐将李光弼率领军民于城外掘壕沟，在城内修堡垒，凭险固守太原。史思明率骁骑兵攻城，百般设计，造云梯、土山攻城都未成功，双方相持月余。李光弼募人挖地道通到城外，把叛军攻城的人马云梯陷入地道中，又制造大炮，毙伤叛兵2万余人，史思明才率军稍稍后退。李光弼又派偏将诈降，亲自率军挖好地洞，严阵以待。史思明正在准备受降时，突然一声天崩地裂，叛兵千余人陷入地洞，顿时大乱，唐军乘势出击，杀伤1万余人。史思明留下蔡希德攻城，自己逃回范阳。李光弼选敢死士出攻，杀敌7万，蔡希德败逃，唐军取得了太原保卫战的胜利。

与此同时，安庆绪命尹子奇率兵13万攻打睢阳（今河南商丘市南），唐守将许远向守卫雍丘（今河南杞县）、宁陵的张巡求援，张巡自宁陵率兵进入睢阳城，与许远共同坚守。二人齐心协力，张巡指挥战斗，许远调集军粮，修造战具，唐军只有6000余人，但却士气百倍，昼夜苦战，杀敌2万余人，尹子奇率军回撤。3、4月间，尹子奇再度围攻睢阳。张巡杀牛犒军，士卒感奋，全部出战。叛军见唐军人少，麻痹轻敌，张巡率军直冲敌阵，杀叛将30余人，士兵3000人，追杀数十里，大获全胜。

　　此后双方相持于睢阳，张巡命令士兵夜间在城上列队击鼓，做出要交战的样子，叛军一夜不敢休息，唐军则在白天息鼓休整。如此数日，尹子奇不复防备，张巡率领勇将南齐云、雷万春等10余将突袭敌营，直冲到尹子奇大帐，杀敌将50余人，叛兵5000人，尹子奇率兵撤围。7月，尹子奇第三次围攻睢阳，唐军因伤亡无法补充，又无援兵，城中粮食也用完，张巡只好固守拒敌。叛军用云梯、木驴、土壤攻城，张巡随机应变，千方百计破敌，迫使尹子奇做长期围困的计划。由于数月苦战，唐军只剩600人，孤立无援。张巡命南齐云赴临淮（今安徽泗县东南）向贺兰进明求援，但贺兰进明忌妒张巡成功，拒不发兵。叛兵见援兵不到，城中鼠雀都被网罗以尽，攻城更急，唐军将士力竭不能出战，城遂失陷，张巡、南齐云、雷万春等36将被害，许远押赴洛阳。

　　太原和睢阳保卫战，牵制了叛军大量兵力，对扭转战局起了重要作用。与此同时，唐将郭子仪率兵攻取凤翔，平定河东，肃宗由灵武进至凤翔，会集陇右、安西和西域之兵，又借回纥兵，收复两京。至德二年（757年）九月，唐军进攻长安，李嗣业率前军，郭子仪率中军，王恩礼率后军，与叛军李归仁交战。最后叛军大败，唐军乘胜收复长安。郭子仪等又率军兵进洛阳，安庆绪杀所获唐将哥舒翰、许远等逃回河北，唐军收复洛阳。

　　乾元二年（759年），史思明杀安庆绪，自称大圣燕王，史思明由范阳率河北诸郡兵南下攻汴州（今河南开封市），唐将许叔冀出降。接着，史思明进攻郑州。唐将李光弼在河阳（今河南孟县）拒战，史思明大败。

上元二年（761年）三月，史朝义杀史思明，自立为帝。史朝义率兵攻宋州（今河南商丘市），为唐将田神功所败。宝应元年（762年），唐代宗即位，命雍王李适为天下兵马元帅，仆固怀恩为副元帅，协同李光弼讨伐史朝义。

唐军在洛阳北郊大败叛兵，杀获甚众，史朝义败归河北，唐将仆固炀又在贝州（今河北清河县）取胜。宝应二年（763年），史朝义败走范阳，穷困自杀，延续8年的安史之乱被平定。

安史之乱是中唐社会矛盾的产物。由于唐朝社会长期承平，不识战斗，所以叛兵很快攻下洛阳和长安。然而叛军每破一城，都大肆劫掠，渐失民心。安禄山攻陷长安后，日夜纵酒为乐，没有进兵四川，使玄宗在蜀，太子李亨在灵武立足，组织力量反击。唐将颜杲卿、张巡、郭子仪、李光弼等力阻叛军，不但消灭了敌军大量有生力量，而且稳住了战局，为唐军战略反攻准备了条件。

辽东半岛之战

辽东半岛之战，是中日甲午战争的主要战场之一。这场战争是日本帝国主义在英、美等国支持下发动的侵略中国的非正义战争，自1894年10月24日开始，到1895年3月9日结束，历时近5个月，中经鸭绿江防之战、金旅之战、辽阳东路之战、辽阳南路与规复海城之战、田庄台大战，最后以清政府的屈辱求和而告结束。

日本原来是一个封建领主割据、闭关自守的国家。自1868年明治维新以后，迅速地走上了资本主义发展道路，实行对外扩张的侵略政策。在明治初年，日本统治者就制定了先征服朝鲜和中国台湾，进而征服中国，称霸远东以至世界的"大陆政策"，并于1874年付诸行动，首先出兵中国台湾，接着入侵朝鲜。1894年1月，日本利用朝鲜"东学党"起义的机会，大举出兵朝鲜。7月25日，日本不宣而战，挑起了侵略中国的中日甲午战争。

对于这场战争，清朝统治集团中以慈禧太后为首的一派是坚决主和的。这一年又是她的60岁生日（11月7日，农历十月十日），她只求尽快求和，以免耽误她做寿。日本侵略者在占领了朝鲜以后，为了迫使清政府屈服，于1894年10月24日兵分两路对中国发动进攻。第一路在山县有朋大将率领下，从朝鲜义州攻击清军的鸭绿江防线；第二路以陆军大将大山岩为司令官，由海路在辽东半岛东岸的花园口登陆，进犯大连和旅顺。

当时集结在鸭绿江沿岸的清军，有宋庆的毅军、聂士成的芦榆防军、依克唐阿的镇边军、刘盛休的铭军、吕本元的盛军、丰升阿的奉军和倭恒额的齐字练军，近80营，约2万人。这些军队分别由四川提督宋庆和黑龙江将军依克唐阿统率，以九连城为中心向左右沿鸭绿江布防。

10月24日，日军主力开始进攻九连城、虎山一线。当天夜间，日军在义州与虎山之间架设了两座浮桥。25日拂晓，日军通过浮桥，开始直攻虎山。聂士成和马金叙率军奋勇抵抗，打退了日军的四次进攻。但因两面受敌，伤亡甚众。在没有援军的情况下，为了掩护大队清军后撤，聂士成、马金叙一直坚持到午后才突围到凤凰城，虎山失守。26日清晨，日军进攻九连城，宋庆感到兵力单薄，连夜撤往凤凰城。日军占领九连城，接着又占领安东（今丹东），清军鸭绿江防线不到两天时间就全线崩溃了。日军占领鸭绿江沿岸后，兵分两路进攻奉天（今沈阳）。一路从凤凰城经辽阳（东路），另一路绕道岫岩、海城，出辽阳之西（西路）。聂士成在当地人民的配合下，利用大高岭天险抗击日军，从正面阻止日军由东路进攻奉天。依克唐阿率部驻守赛马集，从侧面牵制凤凰城日军，支援了大高岭的正面防御。

在大高岭保卫战中，聂士成巧妙地使用疑兵计，使日军不敢贸然攻岭。经过十几昼夜的苦战，顶住了日军的进攻，牢牢地守住了大高岭阵地。阵地守住以后，聂士成就改变战术，组织兵力主动出击。11月25日，聂士成率部与依克唐阿、寿山等配合作战，夹击草河口一带日军，歼敌40余人，击毙日步兵大尉斋藤正起，打伤日军炮兵大尉池田纲平和炮兵中尉关谷豁等。26日晚，聂士成又利用下雪天，密约盛军接应，亲率数百骑，突袭连山关，取得成功，收复了连山关。这是开战以来，清军第一次收复失地，得到清廷的嘉奖。

连山关大捷以后，东路战场的形势为之一变。日军转为守势，清军转为攻势。12月5日，聂士成精选将士1 000余人进攻分水岭，并乘胜追击到草河口。12月9日，聂士成部联合依克唐阿骑兵，在金家河大破日军，击毙敌人数十名，收复了草河口。

日军见东路难以得手，就加强西路的攻势。11月19日，日军自大孤山、凤凰城两路进攻岫岩，守将丰升阿、聂桂林率众逃往析木城。12月12日，日军进攻析木城，丰、聂又奔往海城。13日，海城也被日军攻占。

在进攻鸭绿江防线的同一天，日军第二路也开始在辽东半岛花园口登陆。10月26日占领花园口。几日内，先后攻占貔子窝。金州大连。

11月18日，日军开始进攻旅顺。旅顺是北洋海军的基地之一，山水交错，形势奇险，易守难攻，守军也有30余营。因诸将互相观望，又无统一指挥，只有徐邦道率部拼死迎敌，并于19日在土城子一带重创日军。21日，日军发动总攻，徐邦道部因伤亡过重，不得不突围北撤。22日，旅顺失陷。清政府耗巨资经营了15年的旅顺军港和当时东亚最大的船坞就这样被日军占领了。

12月底，日军第二军8000余人由第一旅团长乃木希典率领，从金州北犯盖平（今盖州市），守将章高元率军英勇抵抗，营官杨寿山、李仁党力战阵亡，盖平陷落。

12月28日，清政府任命湘军宿将刘坤一为钦差大臣，节制山海关内外各军约8万人，准备收复辽沈门户海城。1895年1月17日至2月16日，清军3万人先后三次会攻海城，但都无功而返。2月21日和27日，清廷增调吴大澂、魏光焘所部参加第四、第五次反攻海城，兵力增至6万。在清军集中兵力围攻海城时，日军却用"围魏救赵"的办法，分兵进攻大高岭、辽阳和鞍山。清军中计，长顺和依克唐阿先后率军驰援辽阳。3月3日，日军又乘虚直扑清军后方牛庄，魏光焘等急由前线撤军回援牛庄。这样，海城之围不攻自解。

3月4日，日军第一军第三、第五师团合攻牛庄。魏光焘、李光久以11营约5000人的兵力抗击日军两个师团1.2万人进攻，虽顽强抵抗，并在巷战中重创日军，打死打伤日军近400人，但清军也付出了很大的代价。经过一昼夜的激战，牛庄最后被日军占领。3月6日，日军分路向营口进发。驻守营口的清军原来有50余营，2万多人。3月5日晨，因吴大澂迭次告急，宋庆挥师赴田庄台应援，营口只留3000余人分守炮台。日军得知清军大队已撤向田庄台，立即向营口发起进攻。

这时，守将蒋希夷竟率所部5营步队退往田庄台，使守城兵力减半。清军虽奋力抵抗，但势单力薄，挡不住日军进攻，营口失陷。

日军占领牛庄、营口后，立即向田庄台发动进攻。日军出动了三个师团近2万人，拥有91门大炮。当时守卫田庄台的清军有69营，2万余人，炮40门。

3月9日，日军开始进攻田庄台。双方展开大炮射击，45分钟后，清军炮火逐渐减弱。日军第三师团越过辽河，向清军正面阵地发起攻击，第一、第五师团也分别从西南和东北两个方向发起进攻，使清军三面受敌。清军虽奋力抗击，但未能挡住日军进攻，阵地被攻破，田庄台失陷。田庄台既失，辽东半岛的主要城镇尽被日军占领，清军在辽东战场全部瓦解，辽东半岛之战遂告结束。

腐败的清政府在日本的军事进攻和外交压力下，被迫于4月17日同日本签订了中国近代史上空前屈辱的不平等条约——《中日讲和条约十一款》（即《马关条约》）。

这个条约，被割占领土之多，丧失主权之重，赔款之巨，都开创了《南京条约》以来的记录，是中国近代史上一个空前的卖国条约。

淮海战役

辽沈战役刚结束，华东野战军和中原野战军以及部分地方武装共60万人，就在以徐州为中心，东起海州、西至商丘、北起临城（今薛城）、南达淮河的地区，发起规模空前的淮海战役。

1948年11月，国民党在徐州召开作战会议，决定将刘峙、杜聿明集团蜷缩于徐州地区，能战则战，不能战则向南撤过淮河，据守长江。这个部署，反映出国民党统帅部在撤守之间仍犹豫徘徊的心理状态。当时摆在以徐州为中心的津浦、陇海两条铁路相交的十字架上的国民党军队共约80万人。

还在9月间，粟裕就建议华东野战军主力由鲁西南出苏北，组织淮海战役，以歼灭徐州集团右翼一部为目标。这一建议得到中共中央军委的同意。11月，中央军委根据战局发展，决定扩大淮海战役的规模，把"隔断徐蚌，歼灭刘峙主力"作为总方针。中央军委指出，"此战胜利，不但长江以北局面大定，即全国局面亦可基本上解决。"11月16日，中共中央决定由刘伯承、邓小平、陈毅、粟裕、谭震林组成统一指挥华东野战军和中原野战军的总前委，邓小平为书记。

淮海战役中，先后集结在这个地区的国民党军队在兵力上超过人民解放军参战部队，在武器装备上更占有巨大的优势。因此，人民解放军在作战指导上采取将敌军的重兵集团多次分割，集中优势兵力，各个加以歼灭的方法。整个战役共分三个阶段。

11月6日至22日是第一阶段。这时，国民党军队的黄百韬兵团正位于东接连云港、西近徐州的陇海线上。"战役第一阶段的重心，是集中兵力歼灭黄百韬兵团，完成中间突破"。解放军决定以一半以上兵力用于阻断和打击前来援救黄维兵团的敌军，以期使分散之敌不得靠拢，被围之敌无法漏网。11月6日，战斗打响。黄兵团企图夺路西逃。国民党第三"绥靖"区副司令官、中共地下党员何基沣、张克侠率部23 000人突然在贾汪、台儿庄地区起义，华东野战军主力立刻穿越他们的防区，迅速切断正向徐州靠拢的黄百韬兵团的退路。各路增援的敌军都受到坚决阻击。黄兵团只得折回碾庄，被压缩在纵横不到十公里的包围圈内，到22日，全部被歼。

从11月23日至12月15日，是淮海战役的第二阶段。主要作战目标是歼灭由豫南远道赶来增援而孤军突出的黄维兵团。黄维兵团的12万人，是蒋介石的嫡系部队，战斗力较强，其中的第十八军是国民党军队的精锐主力之一。中原野战军主力和华东野战军一部采取"围三缺一、网开一面，虚留生路，暗设口袋"的打法，于25日将黄维兵团包围在浍河以南的双堆集地区。前来增援的敌军或者被歼，或者受阻。12月6日至15日，解放军发起总攻，全歼该敌。在此期间，国民党徐州"剿总"

副总司令杜聿明率领邱清泉、李弥、孙元良三个兵团撤离徐州，被华东野战军主力合围在陈官庄一带，孙元良兵团被歼灭。

从 12 月 15 日至下一年 1 月 10 日，是淮海战役的第三阶段。主要作战目标是歼灭杜聿明部。在这个阶段的最初一段时间，为了配合平津战役，麻痹并稳住傅作义集团，淮海前线解放军曾奉命在两星期内暂停对杜部的军事攻击，主要展开敦促杜聿明等率部投降的政治攻势。到华北战场上完成对傅作义集团的分割包围后，1949 年 1 月 6 日，解放军对拒绝投降的杜聿明部发起总攻，经四昼夜激战，全歼邱清泉、李弥两个兵团，其中包括国民党军队精锐主力之一的第五军，生俘杜聿明。至此，淮海战役胜利结束。

淮海战役历时 66 天，共歼灭国民党军 555 000 人。经过这一战役，南线国民党军队的精锐主力已被消灭，长江中下游以北的广大地区获得解放，并同华北解放区连成一片。解放军压到长江北岸。国民党政府首都南京直接暴露在解放军面前，国民党的反动统治陷入土崩瓦解的状态。

诸葛亮北伐

诸葛亮北伐曹魏之战，是由弱者主动向强者发动的一场战争。虽然在魏、吴、蜀三国并立中，魏国最强，蜀国最弱，但在这场战争中，诸葛亮指挥的蜀军曾给魏国造成相当大的威胁和震惊。

北伐曹魏，统一中原，统一全国，是诸葛亮在隆中向刘备提出的最终目标。当时诸葛亮设想兵分二路，一路"命一上将将荆州之军向宛（宛城）、洛（洛阳）"，一路由"将军（指刘备）身率益州之众出于秦川"，直趋长安。但在诸葛亮北伐之时，荆州已为东吴所有，所以剩下的进军路线就只有出秦川一条了。

诸葛亮北伐曹魏，先后五次，另有一次是曹军南下，属防御战。蜀后主（刘禅）建兴四年（226年），曹魏的文帝曹丕病死，子曹睿继位，称魏明帝。诸葛亮认为，曹魏政权的更迭，新君刚立，是北伐的一个有利机会，于是在建兴五年（227年），率蜀军北驻汉中。

建兴六年（228年）春，诸葛亮率军北伐。由于多年努力训练，蜀军士气旺盛，阵容整齐，北伐进展顺利，曹魏所属南安（今甘肃陇西东南）、天水（今甘肃甘谷东南）、安定（今甘肃镇原东南）三郡都叛魏响应诸葛亮，魏天水将领姜维也投向诸葛亮。

诸葛亮的进攻和得手，一时震动关中，使曹魏政权十分惊恐，魏明帝急忙亲自率军西镇长安，派大将张郃率军阻止诸葛亮。

诸葛亮出祁山，屯兵西县（今甘肃天水西南），命马谡为前锋，王平为副将，督诸军与张郃战于街亭（今甘肃秦安县附近）。马谡平素好发高论，也提过一些好建议，但他不精兵法。刘备曾对诸葛亮说过："马谡言过其实，不可大用。"然而诸葛亮并没有注意刘备的提醒，在关键时刻，错用了他。结果马谡违反诸葛亮的节度，拒听王平的劝止，弃城不守，上山扎营。张郃乘机把蜀军围困于山上，断其水源。蜀军缺水，军心动摇，在曹军的进攻下溃败，马谡逃走，街亭失守。诸葛亮被迫退兵，南安、天水、安定三郡又被魏军夺回，第一次北伐失败。

为了严肃纲纪，以利再战，诸葛亮忍痛依法处死了马谡，自己又以统帅身份，主动承担责任，上疏后主，自降三级。随即在这年冬天，诸葛亮又率军，发动了第二次北伐曹魏之战。

蜀军出散关（今陕西宝鸡西南），围陈仓（今陕西宝鸡东）。时曹魏已有准备，魏将郝昭凭险据守，历时20多天。由于蜀国多山，蜀道艰险，这时军粮供应不上，诸葛亮再次被迫退军，第二次北伐结束。

建兴七年（229年）春，诸葛亮第三次北伐，遣陈式攻武都（今甘肃成县）、阴平（今甘肃文县西北）二郡。魏雍州刺史郭淮领兵欲击陈式，诸葛亮即亲自出兵建威（今甘肃西和北）。郭淮退兵，蜀军遂取武都、阴平二郡。第三次北伐以取得局部胜利结束。

建兴八年（230年），曹魏采取主动行动，发兵进攻汉中。诸葛亮急调两万援军阻击。后因雨路阻，魏军退回。

建兴九年（231年），诸葛亮第四次出师，再围祁山。鉴于蜀道山多路险，以前的北伐多因军粮运送困难而受严重影响，诸葛亮为解决这个难题，发明了一种适合山道的叫"木牛"的运粮车，向前方运粮。魏明帝闻祁山被围，忙派足智善算的司马懿迎击。诸葛亮留下部分军队继续包围祁山，自率主力东上寻找司马懿决战。司马懿深知蜀军的粮食供应仍很困难，有意避免决战，扎营坚守，拖延时日。诸葛亮随即改变策略，佯装退兵，诱敌出战。司马懿谨慎尾随，但不主动出击。魏军中一些将领多次请战，均遭司马懿拒绝。于是魏军中有人讥笑司马懿"畏蜀如虎"。司马懿无奈，只好派大将张郃出战，结果被早有准备的蜀军击败，损失3000多人。魏军上当吃亏后再也不敢恋战，而诸葛亮也因此无法消灭司马懿的魏军主力。双方相持月余，蜀军粮食供应日益困难，负责运粮的蜀国大臣李严，既疏于职守，又怕承当罪责，就假传后主旨意，要诸葛亮退兵。诸葛亮只好再次退兵。司马懿料定蜀军因粮尽撤退，不是计策，就派大将张郃追赶。诸葛亮抓住时机，于回军途中，在木门谷（今甘肃天水西南）设伏射杀了张郃，迫使魏军退去。

第四次北伐结束。

此后，诸葛亮暂时停止北伐行动，"休士劝农"，让士兵歇息练武；同时加强农业生产，积蓄粮食。建兴十二年（234年），开始了第五次也是最后的一次北伐。这年春天，诸葛亮率军10万，出斜谷口。此前，派使赴东吴，约孙权在东面呼应，出兵攻魏。不久，蜀军攻占了渭水南岸的五丈原（今陕西眉县西南），与魏大将司马懿对峙于渭水。为了避免再次出现因军粮不继而造成中途退兵的情况，诸葛亮又发明了"流马"车运送粮食，同时抽出一部分士卒分杂在渭水沿岸百姓中，进行屯田。魏军方面，则仍坚守不战，以待蜀军粮尽疲惫。

这年五月，孙权应蜀国之约，发兵分三路攻魏，但主力在合肥（今安徽合肥西北）失利，导致全线撤退。蜀、吴夹击的计划落空。

蜀魏在渭水对峙了100多天。8月，诸葛亮因积劳成疾，病死于五丈原军中。临终前，诸葛亮决定撤军，并对撤军做了部署。诸葛亮死后，蜀军依嘱，整军从容而退。司马懿不知诸葛亮已死，只紧追而不敢战，蜀军故作回军反击，司马懿怕中计，不敢再追。

诸葛亮的五次北伐虽然没有成功，但以蜀国地小人寡的有限力量，能够对当时实力最雄厚的曹魏主动发起攻击，这已经是很了不起的了。虽然这不单靠诸葛亮一个人的力量，但他的足智多谋，他的治蜀方略，无疑是很重要的因素。

汉武帝反击匈奴之战

秦汉时期，北方的匈奴一直对中原王朝构成巨大的威胁。

西汉王朝建立后，在军事上，主要采取消极防御的方针，尽量避免与匈奴进行决战。政治上，采用"和亲"政策，"和亲"政策为汉王朝整顿内政、恢复经济、发展生产、增强实力提供了必要的条件。文、景两帝在位时，注意军队，尤其是骑兵的建设，西汉的军事力量也有所增强。就在这样的有利形势下，汉武帝刘彻登基当了皇帝。他凭借前辈所创造的物质基础，积极从事于反击匈奴的战争准备。

汉武帝反击匈奴之战，始于武帝元光六年（公元前129年），共历时三四十年之久，从根本上解决了匈奴的南下骚扰问题。作战分三次战略反击，分别是河南、漠南之战、河西之战和漠北之战。

武帝元朔二年（前127年），匈奴骑兵进犯上谷（今河北怀来东南）、渔阳（今北京密云西南）等地。汉武帝避实就虚，实施反击，派遣年青将领卫青率大军进攻。

卫青引兵北上，对占据河套及其以南地区的匈奴楼烦王、白羊王所部进行突袭，全部收复了河南地。汉武帝采纳主父偃的建议，在河南地设置朔方、五原两郡，并筑朔方城，移内地民众十多万在朔方屯田戍边。汉军收复河南地,具有重要的战略意义:抽掉了匈奴进犯中原的跳板,解除了其对长安的威胁,并为汉军建立了一个战略进攻的基地。

匈奴贵族不甘心失去这一战略要地,数次出兵袭扰朔方,企图夺回河南地区。汉武帝于是决定反击,在元朔五年(前124年)春发起了漠南之战。当时卫青任车骑将军,率军出朔方,进入漠南,反击匈奴右贤王;李息等人出兵右北平(今内蒙古宁城西南),牵制单于、左贤王,策应卫青主力军的行动。卫青出塞二三百公里,长途奔袭,突袭右贤王的王廷,打得其措手不及,狼狈北逃。这一仗的胜利,进一步巩固了朔方要地,彻底消除了匈奴对京师长安的直接威胁,并将匈奴左右两部切断,以便分而制之。次年二月和四月,新任大将军的卫青两度率骑兵出定襄(今内蒙古和林格尔西北),前后歼灭匈奴军队1万多人,扩大了对匈奴作战的战果,迫使匈奴主力退却漠北一带,远离汉境。这就为汉武帝下一步实施河西之役并取胜提供了必要条件。

河西之战,河西即现在甘肃的武威、张掖、酒泉等地,因位于黄河以西,自古称为河西,又称河西走廊。它为内地至西域的通路,具有重要的战略地位,这时它仍在匈奴的控制之下,对汉朝的侧翼构成威胁。为此,汉王朝组织强大的骑兵部队,委派青年将领霍去病征河西匈奴军。

元狩二年(前121年)三月,霍去病率精骑万人出陇西,越乌鞘岭,进击河西走廊的匈奴军。他采取突然袭击的战法,长驱直入，在短短的6天内连破匈奴五王国。接着翻越焉支山（今甘肃山丹大黄山）千余里，与匈奴军鏖战于皋兰山下，连战皆捷，歼敌近9000人，斩杀匈奴名王数人，俘虏浑邪王子及相国、都尉多人，凯旋而还。

同年夏天，汉武帝为了彻底聚歼河西匈奴军，再次命令霍去病统军出击。为了防止东北方向的匈奴左贤王部乘机进攻，他又让张骞、李广等人率偏师出右北平，攻打左贤王，以策应霍去病主力的行动。

这一次，霍去病率精骑数万出北地郡，绕道河西走廊之北，迂回纵深达1000多公里，远出敌后，由西北向东南出击，以秋风扫落叶之势，大破匈奴各部，在祁连山与合黎山之间的黑河（今弱水上游）流域与河西匈奴主力展开决战，杀敌3万余人，取得决定性胜利。

河西之战，给河西地区的匈奴军以歼灭性打击，使汉朝统治延伸到这一地区，打通了汉通西域的道路，实现了"断匈奴右臂"的战略目标，为进一步大规模反击匈奴提供了可能。

经过漠南、河西两大战役的打击，匈奴势力遭到了重创，汉军已完全占有了这场旷日持久反击战争的主动权。然而匈奴不甘心失败，仍继续从事南下袭扰的活动，并采纳汉降将赵信的建议，准备引诱汉军主力至沙漠以北地区，寻机加以歼灭。汉武帝为了彻底歼灭匈奴主力，集中了精锐骑兵10万人，组成两个大的战略集团，分别由大将军卫青、骠骑将军霍去病统率。另以步兵几十万、马匹十余万配合骑兵主力的行动。卫青、霍去病受命后，各率精骑5万分别出定襄和代郡，沿东西两路北进，决心在漠北与匈奴进行会战。

卫青出塞后，率主力直扑单于所在，横渡大沙漠，北进几百公里，寻歼单于本部。他同时命令李广、赵食其率所部从东面迂回策应。不久，卫青部主力与匈奴单于相遭遇。卫青下令用武刚车环绕为营，以防匈奴军的袭击，接着便指挥5000精骑向单于军发起猛攻，单于即遣一万骑应战。双方鏖战至黄昏，大风骤起，飞沙扑面，两军难辨彼此。卫青乘势分轻骑从左右迂回包抄。单于见汉军人多势众，自度无法取胜，遂带数百精骑突围，向西北逃遁。

在另一个方向，霍去病率军出代郡和右北平，北进1000余公里，渡过大漠，与匈奴左贤王部接战，尽歼其精锐，俘获屯头王、韩王以下70 400余人。左贤王及其将领弃军逃逸，霍去病乘胜追杀，直抵狼居胥山（今蒙古乌兰巴托东），然后凯旋班师。漠北之役是汉匈间规模最大，战场距中原最远，也是最艰巨的一次战役，严重地削弱了匈奴的势力，使得其从此无力大举南下。

汉武帝反击匈奴之战，从根本上摧毁了匈奴赖以发动骚扰战争的军事实力，使其无力再与汉室相抗衡。匈奴失去水草丰盛、气候温和的河南、阴山和河西两大基地，远徙漠北苦寒之地，人畜锐减，开始走向衰落。汉武帝反击匈奴之战的胜利，也为汉王朝加强和巩固边防建设，促进中国与中亚、西亚各国人民的友好往来开辟了道路。汉武帝反击匈奴之战的胜利，在军事领域中也具有积极的意义。它推动了骑兵队伍的建设，积累了大规模骑兵作战的经验，促进了战术的革新。对于古代军事理论的建设和战争实践的发展均具有深远的影响。

抗击八国联军的北京之战

北京是清王朝统治的心脏，也是帝国主义列强侵华势力的中枢。义和团的英雄们在这里展开了气壮山河的反帝爱国斗争，许多大街小巷留下了他们的战斗足迹，洒下了他们的泪水和鲜血。

1900年5、6月间，大批义和团进入京津，同当地的群众相结合，声势更加浩大。清朝统治者感到，若不避开义和团的锋芒，就有被推翻的危险。因此。采取厂剿抚兼施和先抚后剿的策略，允许义和团进京。在慈禧太后的招抚和默许下，义和团大批进入北京，仅仅几天工夫，北京城几乎成了义和团的天下。

帝国主义列强面对义和团的反帝怒火，即以出兵"严乱"胁迫清政府，限令清政府在两个月内"剿除"义和团，不然就派出水陆各军代为"剿平"。列强为了进一步扩大对中国的侵略，5月28日，英、法、德、美、日、俄、意、奥八国一致决定，以"保护使馆"的名义，派兵进入北京。第一批440余人于5月31日和6月2日分乘清政府提供的火车从天津开进北京。

6月9日，列强各公使又开会决定，调遣大队联军进京。

10日，由英国海军上将西摩尔率领的联军2000多人由天津乘火车向北京进犯。消息传来，京津铁路沿线各村庄的义和团立即行动起来，拆毁路轨、桥梁，锯掉沿途电线杆，使京津间铁路和电讯完全断绝。侵略军边抢修铁路边龟缩前进。6月11日晚，八国联军刚到落垡，立即受到义和团的攻击。敌人龟缩在车站和车厢里，凭借洋枪洋炮进行顽抗。义和团拉来土炮，进行猛烈还击。从天津到北京，火车只需几小时，但西摩尔率领的联军，在义和团的顽强阻击下，穷于应战，走了4天才到了廊坊。14日清晨，联军刚到廊坊，喘息未定，就受到几百名义和团的进攻。18日，义和团在董福祥军的协助下，再次向廊坊车站的敌军发动猛烈进攻。董军开枪射击，吸引住敌人的火力，义和团趁势冲杀，跟敌人展开白刃战。激战两个小时，歼敌50余人。19日，西摩尔决定退回天津，但铁路已被拆毁，只能沿北运河退回。在退却途中，八国联军还不断受到义和团的拦阻和袭击。义和团廊坊阻击战，阻止了八国联军大批进入北京，对北京义和团的斗争起了重要的配合作用。

8月2日，八国联军拼凑了4万兵力，正式成立了联军司令部，经过一番争夺，最后决定由德国元帅瓦德西担任联军总司令。8月4口，八国联军近2万人白天津沿运河两岸向北京进发。5日凌晨，联军到达北仓，聂士成军余部起而抵抗，他们怀着为主将报仇的心情，打得非常顽强。附近的义和团民数千人，闻讯也赶来参战。这一仗，义和团和聂军官兵，共打死打伤联军数百名。

驻扎在这里的马玉昆部，则枪声刚响便仓皇逃往武清县。最后，聂军弹药用尽，只好撤退。联军终于攻陷北仓，并继续进犯。6日，联军进至杨村，裕禄和宋庆率军勉强应战。由于兵将全无斗志，大败。裕禄自杀。宋庆则率部逃到通州。杨村被联军攻占。

8月8日，李秉衡以帮办武卫军事务的名义统率"勤王之师"1.5万人抵达河西务迎战八国联军。慈禧太后也把赌注压在李秉衡身上，幻想李秉衡能挽回败局。开始，八国联军先头部队毫无准备，措手不及，气势受挫。不久，联军后续部队陆续到达，向李秉衡部发起进攻。双方相持一昼夜。李秉衡军弹药粮食俱尽，最后失败。9日，李秉衡突围出来，败走马头，再退至通州张家湾，愧愤交集，于11日饮毒自杀。北京局势万分危急。

8月13日，八国联军攻占通州。14日俄军首先进攻北京东便门。俄军的进攻遭到守城清军和城内义和团的猛烈抵抗。经过激烈战斗，14日凌晨两点，俄军才攻占了东便门。接着，俄军又进攻建国门，遭到董福祥军的猛烈抵抗，使俄军遭到大量伤亡。这场战斗一直持续到14日下午，俄军才得以攻入内城。日军于14日晨进攻齐化门（今朝阳门），守城的清军奋起抵抗。这一仗从清晨一直打到黄昏，日军才占领了齐化门。英、法、美各军也相继进攻北京。英军乘虚攻破广渠门，抄小道进入东交民巷使馆区。

在北京保卫战中，共毙伤联军400余人，清军和义和团也有600多人战死。8月15日晨，八国联军进攻皇城东华门。慈禧太后闻讯惊骇至极，急忙带着光绪皇帝、皇后、大阿哥等从西华门至德胜门，转经西直门逃出北京。他们经怀来、宣化、大同到太原，最后逃亡到西安。

慈禧太后在逃亡中，一面命令在上海的李鸿章迅速北上，授予他卖国全权，一面下令镇压义和团，要求清军官兵对义和团要"严加查办"，公然要用义和团民的头颅作为向帝国主义列强求和的见面礼。

八国联军攻占北京后，曾公开命令全体官兵抢劫3天。但事实上直至联军撤出北京，抢劫始终未曾停止过。从公使、各级军官、教士到普通士兵，一无例外地都参加了抢劫活动。他们不仅抢劫居民，更热衷于抢劫皇宫、官衙和府第。皇宫、颐和园所藏大量珍贵的历史文物、珠宝金银，均被抢劫一空。

1901年9月7日，清政府同英、俄、美、法、日、德、意、奥、西、比、荷11国代表，在北京签订了空前严重的丧权辱国的《辛丑条约》（共十二款，另有十九个附件）。帝国主义列强进一步巩固和加强了在华的侵略势力，并向中国人民榨取了巨额的赔款。《辛丑条约》的签订，标志着中国完全沦为半殖民地半封建社会。

戚继光抗倭

元末明初，日本正处在南北朝分裂时期，封建诸侯割据，互相攻伐。在战争中失败了的封建主，就组织武士、商人、浪人到中国沿海地区进行武装走私和抢掠骚扰，历史上称为"倭寇"。明初，国力强盛，重视海防设置，倭寇未能酿成大患。随着明朝政治的腐败，海防松弛，倭寇祸害越来越严重。嘉靖年间，倭患尤甚。其原因一是明世宗昏庸腐朽，奸相严嵩，庇护、纵容通倭官吏，打击、陷害抗倭将领。二是海商大贾为了谋取暴利，不顾朝廷的海禁命令，勾结日本各岛的倭寇，于沿海走私劫掠。

倭寇的滔天罪行，给中国人民造成了严重的灾难。被激愤的中国人民纷纷组织起来，进行抗倭的自卫斗争。嘉靖三十四年（1555年）五月，由汉、壮、苗、瑶等族人民组成的抗倭军队，在明爱国将领张经领导下，于王江泾（今浙江嘉兴北）大破倭寇，斩敌2 000人。这是抗倭战争以来最大的一次胜利。

而民族英雄戚继光率领"戚家军"，与其他明军配合，多次打败倭寇，最终取得了抗倭战争的最后胜利。

嘉靖三十四年（1555年）秋天，戚继光从山东调到浙江御倭前线，任浙江都司金书。次年被推荐为参将，镇守宁波、绍兴、台州三府，不久又改守台州、金华、严州三府。这些地区是倭寇时常出没、遭受倭患最严重的地方。戚继光到任后，针对"卫所军不习战"的弱点，多次上书请求招募新军。经过几个月的严密组织和艰苦训练，他建立起一支以义乌农民和矿夫为主的3000新军，并创造了"鸳鸯阵"的战术，用以训练士兵。这支军队英勇善战，屡立战功，被誉为"戚家军"。

嘉靖四十年（1561年），倭寇50余艘船2000余人聚集于宁波、绍兴海面伺机入侵。戚继光立即督舟师出巡海上。倭寇遂离开台州防区骚扰奉化、宁海，以吸引明军，而后乘机进犯台州。戚继光将军队一部守台州，一部守海门，自率主力赴宁海。倭寇侦察到戚军主力去宁海，台州空虚，遂分兵三路分别进攻台州桃渚、新河、沂头。戚继光部署兵力，与敌人展开了台州大战。

4月24日，倭寇大肆抢掠新河城外各地。城内精壮士兵大都出征，留守者人心惶惶。戚继光夫人挺身而出，发动妇女守城，迫使倭寇不敢贸然逼近。25日，在宁海的戚继光令胡守仁、楼楠二部驰援新河。26日，倭寇逼近新河城下。这时，援军赶到，双方展开激战。戚军打败倭寇，杀敌约200人，保住了新河。

戚继光击败宁海之倭后，听说进犯桃渚之敌焚舟南流，改进精进寺。他认为敌人这样做，是想乘虚侵犯台州府城，于是挥师南下，决定急行军先敌到达府城。27日中午，双方于离城仅1公里的花街展开激战。同戚军共杀敌300余，夺回被掳民众5000余人。

5月3日，倭寇沿间道逃至大田，欲窜犯仙居，劫掠处州（今浙江丽水）。大田至仙居必经上峰山，山南是一狭长谷地，便于伏击敌人。戚继光先敌人到达亡峰岭，令每人执松枝一束隐蔽身体，严阵待敌。待倭寇进入伏击圈，戚军列一头两翼一尾阵，鸟铳齐发，居高临下，勇猛冲杀。倭寇措手不及，仓皇应战，当即有数百人缴械投降。余倭被迫退至白水洋朱家大院，被戚军围攻，全部被歼。这次战斗，戚家军以少胜多，共斩杀倭寇300余人，缴获兵器近1500件，夺回被掳民众1000余人。

从4月下旬开始，戚家军以少敌众，在一个多月的时间里连续取得了新河、花街、上峰岭、藤岭、长沙等战斗的胜利，消灭倭寇数千人，使侵犯台州的倭寇遭到毁灭性的打击。次年，倭寇窜犯宁波、温州，戚家军和其他明军配合，全歼倭贼，此后，倭寇未再大规模进犯台州地区，浙江的倭患基本平息。

浙江倭患平息后，倭寇纷纷南下骚扰福建，福建成为倭患中心。嘉靖四十一年（1562年）七月，戚继光被派往福建剿倭。戚继光入闽碰到的第一个倭巢是横屿，它是福建宁德县城东北海中的一个小岛，岛上倭寇有数千人，盘踞数年，明军无可奈何。戚继光决心攻拔这一据点。由于岛上泥沼遍地，他让士兵每人拿一束草，随进髓用草填泥，士兵摆成鸳鸯阵，戚继光亲自击鼓，士兵在战鼓声中踏草前进。上岸后，兵士奋勇当先，与倭寇展开激战。后续部队也涉过泥滩，双方夹击，乱了敌倭的阵势，很快占领了倭巢，并将其焚毁。此战生擒倭寇36人，斩300余人，解救被掳男女800余人，取得了入闽抗倭的第一次胜利。

横屿之战后，戚家军在宁德稍做休整，便向福清挺进，相继攻拔福清境内的数个倭穴。9月13日，戚家军乘机奇袭盘踞林墩的倭贼，歼灭倭寇4000余人，救出被掳男女2100多人，消灭了兴化（今莆田）一带的倭贼。10月间，戚家军班师回浙江，从事休整和补充兵员，以俟再战。

戚继光回浙后，倭寇又大肆劫掠福建沿海。嘉靖四十一年底攻陷兴化府城，在城中烧杀奸淫掠夺，无恶不作，盘踞两个多月才弃空城退出，经岐头攻陷平海卫（今莆田市平海），并以此为巢，四出骚扰。福建再次面临倭患的威胁。明朝调新任福建总兵俞大猷和先期援闽的广东总兵刘显与戚继光一道抗击闽倭。

嘉靖四十二年（1563年）四月，戚继光抵达福建，立即查看倭巢地形。在攻击平海卫倭寇的战斗中，戚家军为中军，担任正面进攻，俞大猷为右军，刘显为左军，从两翼配合攻击。二十一日，戚家军以胡守仁部为前导分兵三路，以火器打乱了倭贼前锋骑兵，乘势发动猛攻，俞、刘二部从两翼投入战斗。倭寇三面受敌，狼狈窜回老巢。三路明军乘胜追击，将敌人围困于巢中，并借风火攻，荡平了倭巢。此战只用了四五个小时，歼倭2000多人，解救被掳男女3000多人，明军收复兴化城。

平海卫之战后，戚继光又率部消灭了原侵扰政和、寿宁的倭寇。嘉靖四十三年（1564年），又相继大败倭寇于仙游城下、同安王仓坪和漳浦蔡不岭，斩获颇多。余倭逃往广东。至此，福建倭患基本平定。

嘉靖四十四年（1565年），戚继光与俞大猷配合，再次歼灭了广东的倭寇。至此，明东南沿海抗倭之战取得了最后胜利。

百团大战

1940年8月，在八路军总部的统一指挥下，组织晋察冀军区、晋冀鲁豫军区部队，进行了以正太铁路为重点的大规模交通破袭战。这就是后来所说的百团大战。

7月22日，八路军总部发布了《关于大举破击正太路战役的预备命令》。根据总部下达的任务，晋察冀军区负责破袭正太路石家庄至平定段，袭击重点为娘子关到井陉煤矿段及其两侧地区。另外，总部还要求晋察冀军区对管区内的平汉路、北宁路、津浦路、石德路、沧石路等铁路、公路进行广泛的破击，以阻止敌人向正太路增援。

八个步兵团、一个骑兵团又两个骑兵营、三个炮兵连、一个工兵连和五个游击支队，分别组成三个纵队：即熊伯涛指挥的左纵队，杨成武指挥的中央纵队和敦天民、刘道生指挥的右纵队，还有一支钳制部队和一个总预备队，担负这次作战任务。军区对平汉路等其他交通线也做了相应的破击部署。

守备正太路沿线的敌人，东段井陉到石家庄两侧地区，是日军独立第八混成旅团；西段娘子关到寿阳一带，是日军独立第四混成旅团；太原、榆次地区，是日军独立第九混成旅团。敌人在沿铁路线的各个据点，都构筑了坚固的堡垒群。各堡垒之间又有交通壕相连，周围设有铁丝网、外壕等障碍物，并且构成严密的火网。仅平定到石家庄两侧，就有敌人据点四十余个。

这次破袭战，是在相当长的战线上进行的广泛攻坚战。正太路破袭战的战前准备，很充分，很出色，是保证破袭战取得胜利的一个非常重要的方面。

按照总部的规定，正太路破袭战于8月20日晚10时全线发起攻击。三个纵队的任务分工是：右纵队破袭乱柳至娘子关段，奏效后向阳泉方向扩张战果；中央纵队指向娘子关至微水段及井陉煤矿；左纵队攻击微水至石家庄段的据点。计划攻击的重点是井陉煤矿和娘子关。

一颗颗攻击的红色信号弹腾空而起，划破了夜空，各路突击部队简直像猛虎下山，扑向敌人的车站和据点，雷鸣般的爆炸声，一处接着一处，响彻正太路全线。

天险娘子关是正太路上冀、晋两省交界的咽喉。抗战前，国民党军队就在这里构筑了不少国防工事。1937年10月被日军侵占后，敌人又依据险峻的山谷，在旧有的工事上，加修了四个大堡垒。另外，在关下的村子里还驻守了一部分伪军。

战斗开始的当夜，担负主攻任务的是右纵队五团的部队。他们潜了娘子关村，解决了村里的伪军，然后依托村庄，向据险顽抗的日军进行强攻。在陡峭的山坡上，战士们冒着浓密的火网，前仆后继，向娘子关上敌堡垒仰攻，迂过3个小时的反复冲击，终于夺取了敌人的堡垒。占领娘子关以后，八路军乘胜破坏了娘子关东面的铁路桥，收割了大批电线。

中央纵队重点进攻井陉煤矿。担负主攻任务的是三团。战斗发起前，攻击部队就同矿区的工人取得了联系，在矿区工人的配合下，首先切断了矿区电源，靠夜幕掩护，向守敌展开猛烈进攻。经过一夜激战，到21日黎明即将敌人全部歼灭。

到8月底，晋察冀军区部队组织了四个军的兵力向盂县、寿阳以北地区出击。这时，日军独立第四混成旅团已经南调，向一二九师反扑。盂县、寿阳以北的敌人兵力很单薄，各据点的守敌慑于八路军锐猛的攻势，纷纷放弃据点逃窜。

正太线作战20天，据战后的统计，晋察冀军区参战部队共毙、伤、俘敌伪军900多名，攻克据点十余处，破坏铁路60多里，破坏桥梁18座，并且缴获一大批枪支弹药，其中有火炮5门。在晋冀鲁豫军区和晋察冀军区两支部队联合打击下，正太路全线陷于瘫痪。

这次战役，从第一阶段结束到第二阶段开始，中间有十天的空隙。第二阶段的战斗，是从9月20日开始的。任务是：破击涞源、灵丘境内的公路，夺取这两座县城。为此，组织了"涞灵战役"：第一段在涞源，第二段在灵丘，两个阶段的具体指挥分别为杨成武和邓华，参战的主要是一分区和五分区的部队。

为配合"涞灵战役"的作战行动，冀中军区组织了任（丘）河（间）大（城）肃（宁）战役，各地区还发动了一系列对铁路公路的破袭战。

涞灵地区战略地位极其重要，敌我争夺相当激烈。敌人的一些据点，已经深入到了边区内部。展开这次战役的目的，就是扫除这些据点，使根据地更加巩固。

9月22日晚，一分区部队对涞源城发起攻击。经过一夜激战，一团攻占了城关东、西、南三面，大部守敌退进城内防守。进攻其他据点的部队，虽然也取得了一些进展，但遭到敌人猛烈的反击和释放毒气，不得不撤了出来。

23日晚，八路军以炮兵配合，猛攻敌人的堡垒，战士们冒着枪林弹雨，越过重重障碍，冲进碉堡，冲进村庄，激战数小时，将守敌全部歼灭。

在这时，三团在邱蔚团长的指挥下，集中力量攻击东团堡。这里的守敌是由日军士官生组成的井田部队，抵抗十分顽强，并不断施放毒气。我军勇猛冲击，同敌人展开白刃战，终于战胜日军。

10月2日，八路军以四个团、一个支队另两个营的兵力，向灵丘、浑源、广灵地区出击。灵丘敌人发现我军动向，抽调南坡头、古之河据点的敌军，合击我二团的部队。南坡头敌人调出一部后，我一团一营乘机袭入南坡头据点，一举歼灭日军70余名，这个战斗打得十分干脆漂亮。

当我军进一步展开攻击的时候，灵丘、浑源、广灵地区各重要据点的敌人，会同大同增援的敌人，纷纷向我军反击。同时，其他方向的敌人也在作进攻我根据地的准备。因此，整个战役于10月10日结束。

涞灵战役进行了18天，共歼日伪军1100多名，缴获各种枪支290多支（挺），各种枪弹四万五千多发。我军也有较大伤亡。

一个半月接连不断地的破袭战，使华北敌人极为震惊，一度陷入混乱状态，伪军也纷纷动摇。敌人为挽救局势，急调华北境内所有能够调遣的兵力，对我军进行疯狂的报复。于是，扫荡与反扫荡的斗争，便构成了战役的第三阶段。

敌人的扫荡，首先由晋东南开始，然后是平西、北岳区和冀中区。为了在反扫荡中力争主动，晋察冀军区部队做了这样的部署：留一部分兵力同敌人保持接触；主力在不利于作战的情况下适时地转移，寻找机会，在敌人的各公路据点之间展开破击；各地的游击队、民兵则在主力部队的支持下活跃于外线和内线，以打乱敌人的扫荡计划。

敌人对北岳区的扫荡，是11月9日开始的，集结的兵力达12 000多人，先由北向南，然后由东向西，分路平行推进。敌人所到之处，见房便烧，见人便杀，仅就易县6个区在扫荡后的统计，被烧房屋达 2200 多间。我主力部队和游击队在各地寻找战机，连续不断地给敌人以打击。我们的地方干部和民兵则始终不离开当地，敌人来了，就掩护群众上山，敌人一走，立刻回村抢救被毁坏的财产。那个时候，地方干部和民兵们有一个口号，叫作："敌人进村我们出村，敌人出村我们进村。"

在我军民的英勇打击下，进攻边区内地的敌人到 11 月底开始撤离。他们原指望用反复、连续的合击和疯狂的烧杀来挫伤我军主力，摧毁我根据地，但是，由于边区军民团结一致，相互配合，敌人的企图再一次失败了。

辛亥武昌起义

黄花岗起义失败后，广州地区的革命力量损失很大，一部分革命党人决定把注意力集中在长江流域，在以武汉为中心的两湖地区发动一次新的起义。经过两湖地区革命党人的努力，起义终于在 1911 年（农历辛亥年）10 月 10 日成功地发动了，这就是具有划时代意义的辛亥武昌起义。

辛亥武昌起义前夕，中国社会各种矛盾空前激化。人民群众自发的反抗斗争此起彼伏，和资产阶级革命党人连续不断的武装起义相呼应。而这时清朝统治阶级内部也发生了分化。立宪派对"皇族内阁"大失所望，他们多数对清政府产生了离心倾向，少数开始同情或参加革命。

面临重重危机的清政府，为了换取帝国主义的支持，在"皇族内阁"成立不久即宣布实行"铁路干线国有"政策，强行接收广东、四川、湖北、湖南四省商办铁路公司，将人民多年争得的路权重新拍卖给帝国主义。这一倒行逆施，引起了各阶层人民的强烈反对，掀起了声势浩大的保路运动，其中尤以四川最为激烈。四川同盟会和哥老会组成保路同志军，进围成都，众达20万。全省各地也纷纷揭竿而起，形成大规模的群众起义。同盟会员吴玉章、王天杰还在荣县宣布独立，建立革命政权。为了扑灭四川的革命火焰，清政府派督办粤汉、川汉铁路大臣端方率领部分湖北新军人川镇压。湖北革命党人乘机在武昌首义，点燃了武装推翻清王朝的革命烈火。

武汉位于长江中游，是当时仅次于上海的全国第二大城市，也是革命和反革命斗争最激烈的地区之一。革命团体文学社、共进会在湖北新军中开展了卓有成效的宣传和组织工作，积聚了较雄厚的革命力量，积极准备起义。1911年9月上旬，湖广总督奉清政府之命调部分新军人川镇压保路运动，武汉地区的反革命力量减弱。1911年9月14日，在同盟会中部总会推动下，文学社和共进会决定消除门户之见，联合反清，建立了统一的起义领导机关。军事方面，由蒋翊武任总指挥，孙武为参谋长。政治方面，由刘公任总理。9月24日，两个革命团体召开第二次联席会议，决议在10月6日（农历八月十五日）发动起义，蒋翊武为临时总司令。会议对各标营的任务也做了安排，并派人约湖南革命党人焦达峰响应。

革命党人的活动引起了湖北统治当局的注意，他们派兵搜查革命机关，收缴士兵子弹，使枪弹分离。鉴于清军已有准备，加上同盟会重要领导人黄兴、宋教仁、谭人凤等人迟迟未到武汉，革命党人决定将起义延期。

10月9日，孙武等在汉口俄租界宝善里14号机关配制炸弹，不慎引起爆炸。孙武受伤进了医院，其余人员仓促转移。俄国巡捕闻声赶至现场，搜去革命党人名册、起义文告、旗帜、印信等物，并转交总督署。在此风云突变之际，蒋翊武、刘复基、彭楚藩、杨宏胜等人在午后召开紧急会议，决定立即发动起义。蒋翊武以临时总司令的名义起草命令，派人送往各标、营革命党人手中，约定当晚12时，以南湖炮队的炮声为号，城内城外同时起义。

但是，清军听到风声查抄了武昌的各个革命机关，逮捕并杀害了刘复基、彭楚藩、杨宏胜等人，蒋翊武逃离武汉。由于武昌戒严，内外交通断绝，起义的命令未及时送到南湖炮队，10月9日晚起义的计划落空。在这群龙无首的紧急关头，新军中的革命党人自行联络，约定10月10日晚以枪声为号，按原计划发难。10月10日晚，新军工程第八营的革命党人打响了起义的第一枪，他们打死了反对起义的军官，夺取中和门附近的楚望台军械库。库内储有步枪数万支，炮数十门，子弹数十万发。起义军首先占领该库，对武昌起义的胜利起了重要作用。

工程第八营占领楚望台后，陆续集合了200余人，推举左队队官吴兆麟为临时总指挥。与此同时，驻城外的第二十一混成协辎重队的革命党人也举火为号，发动起义，炮兵营与工程队立即响应，并齐集楚望台。二十九标、三十标的蔡济民、吴醒汉也率领部分士兵冲出营门，赶往楚望台；测绘学堂的近百名学兵也迅速向楚望台集中，其他各标营的革命党人也先后率众起义。这时，武昌城内除防守督署等机关的旧军仍企图顽抗外，已有近3000人参加起义。吴兆麟、熊秉坤、蔡济民等认为不能单纯防守楚望台，而应立即趁夜向总督署及紧靠督署的第八镇司令部发起进攻。

晚上10点30分，起义军开始分三路进攻。第一路经紫阳桥、王府口街进攻督署后院；第二路从水陆街进攻第八镇司令部及督署翼侧；第三路从津水闸经保安门正街进攻督署前门。同时，令已入城之炮八标在中和门及蛇山占领发射阵地，向督署轰炸。进攻开始后，因事先未将敌人的部署侦察清楚，加上兵力有限，南湖炮队尚未完全进入阵地，不能给步兵以有力支援，以致初次进攻受挫。第一路进至紫阳桥附近时，遭敌军猛烈射击，伤亡较大；第三路一部进至津水闸，遭敌顽抗，前进受阻，另一部虽进抵保安门附近，但也被敌击退。正在此时，又有一部分起义士兵前来参战，炮队也已进入蛇山阵地开始射击，于是士气更加高涨。

晚12点后，起义军发动第二次进攻，战斗异常激烈。起义军突破敌人防线，进至督署附近，在督署和镇司令部后门以及前门钟楼等处放火，蛇山和中和门的炮队朝火起处猛烈发炮轰击。三路起义军在炮兵火力支援下，一举冲入督署，将大堂点燃。企图依靠围墙进行顽抗的守军，见大势已去，一部投降，大部溃散。督署及镇司令部遂被起义军占领。

10月11日黎明，武昌城内各官署、城门均为起义军所控制。当天上午，一些处于观望状态的清军士兵也陆续向楚望台集中，听从革命党人指挥。鲜艳的十八星旗插上武昌城头，宣告了武昌起义的成功。

10月11日夜，汉阳的革命党人闻风而动，光复汉阳。10月12日，汉口也光复了。至此，武汉三镇均处在起义军控制之下。革命党人发表宣言，改国号为"中华民国"，号召各省起义响应，成立中华民国军政府湖北都督府，推举旧军官黎元洪为都督。两个月内，湖南等13省相继宣布独立，形成全国范围内的革命高潮。1912年1月1日，中华民国临时政府成立，1912年2月12日，清帝退位，清王朝终于被推翻，中国开始进入一个新的历史阶段。

武昌起义是资产阶级革命党人发动和领导的一次成功的武装起义。湖北地区的革命党人经过长期坚持不懈的努力，在新军中发展革命力量，为起义的爆发和成功准备了雄厚的物质基础。武昌起义的成功对于辛亥革命的胜利意义重大。在武昌起义的影响下，全国范围的革命高潮很快形成，清政府正是在全国人民不断打击下才走向灭亡的。

马恩河会战

　　1914年7月28日，以奥匈帝国对塞尔维亚宣战为标志，第一次世界大战正式爆发。8月1日，德国以俄国进行战争动员为由，对俄宣战。8月3日，德国又以法国不接受它所提出的"中立"的条件为借口，向法国宣战。

　　德国的战争计划是前总参谋长施利芬在1905年制定的，其核心是：集中强大兵力于西线，通过防务空虚的比利时、卢森堡和荷兰，从侧翼包围法军，速战速决打败法国；然后挥师东进，再去对付俄国。战争爆发后，德军总参谋长小毛奇遵循其前任的计划，仅用9个师的兵力监视俄国，而在西线则集中了7个集团军，共78个师，以梅斯为轴心分为左右两翼。左翼两个集团军，共23个师，守卫梅斯以南法德边境的阿尔萨斯和洛林地区的阵地；右翼5个集团军，共55个师，借道比利时、卢森堡和荷兰突破法国北部边境。

　　自普法战争结束后，法军为报失败之仇，从1872年起就制定了一个又一个的对德作战计划，到开战前已有17个之多。最新的计划是由法军总参谋长的霞飞将军制定的，即"第17号计划"。该计划的核心是认为德军将集结在设防巩固的法德边境线上，因此法军要在这里展开积极主动的攻势，并一举收复在普法战争中失去的阿尔萨斯和洛林两省。

1914年8月4日，右翼德军侵入比利时，遭到比利时军队的顽强抵抗，在列日要塞被阻3天，到20日才占领布鲁塞尔。此时，法军的几个主力集团军却在按照"第17号计划"发起对德军左翼的进攻。然而，初期的战斗表明，"第17号计划"糟糕得很。在洛林，法国第1集团军和第2集团军在进攻萨尔堡和莫朗日两地德军的防线中，被打得焦头烂额。右翼德军在占领了比利时后，其5个集团军的近百万人马，像一把挥舞的镰刀，从比利时斜插入法国。走在最右面的是克卢克指挥的第1集团军，约30万人，被视为右翼的主力和向巴黎进军的主攻部队。该集团军于8月24日由比利时进入法境。8月25日，德军攻占那慕尔。霞飞为阻滞这支德军右翼部队的前进，从格林战场调集兵力，组建了法国第6集团军，由毛老里任司令。

9月2日，德军克卢克集团军的先头部队已挺进到距巴黎仅有15英里的地方了，霞飞指挥的法军主力为阻遏德军右翼所做的努力已告失败。巴黎人心惶惶，法国政府也迁往波尔多。

然而，克卢克并没有直接向巴黎前进，而是向东旋转，以配合比罗指挥的德第2集团军围歼法第5集团军。这样，德军旋转战线上的侧翼就要从巴黎的近边经过，并且还要横越法第6集团军的前方。霞飞当时还不能迅速把握这个机会，他还是命令部队继续后撤，但是巴黎卫戍司令加利埃尼将军马上看清楚了这一点，他兴奋地喊道："他们把侧翼送上门来了！德国人怎么这样蠢！我不敢相信有这样的事，这太好了。"他立即命令毛老里的法第6集团军准备攻击德军的右翼。他又打电话给霞飞，请他批准攻击行动，但霞飞没有表态。加利埃尼又驱车驶往英军司令部，希望赢得他们的支持，但英军参谋长表示对攻击德军右侧翼的计划"不感兴趣"。

9月3日晚，克卢克抵达马恩河，而他所追赶的法第5集团军和其外侧的英国远征军已在当天早些时候渡过了马恩河。这两支仓促退却、陷入疲惫和混乱之中的部队，虽曾一再接到炸毁桥梁的电令，但都未去炸毁。克卢克占领了这些桥头堡之后，不顾柏林最高统帅部要他与比罗的第2集团军保持齐头并进的命令，准备立即于次日清晨渡河，继续他追逐法第5集团军的行动。

这一天，克卢克集团军的官兵们行进了近30英里。这累垮了他的士兵，也远远地超越了他的给养车队和重炮队。在他看来，法军在节节败退的情况下，绝没有一声军号便可调头来攻击他的士气和能力。他没料到法军中有一位叫加利埃尼的老家伙，正等着他的疏忽大意呢。

9月4日，克卢克一面向前挺进，一面直言不讳地告诉最高统帅部，他无法执行要他留在后面作为德军第2集团军侧卫的命令。要等比罗的德第2集团军赶上来，势必停止进军两天，他认为这将削弱德军的整个攻势，给法军以重整旗鼓、自由行动的时间。于是，克卢克继续向东南推进，离巴黎越走越远了。

在柏林，从德皇到普通百姓都认为法军即将被彻底消灭，德国的胜利即将到来。只有总参谋长小毛奇心里充满疑窦："胜利者必然有俘获，但追击法军以来我们的俘虏在哪儿呢？在洛林有2万，其他地方合计起来，也只不过一两万人而已，再说缴获的大炮数量也较少。法国人是不是在有计划地撤退呢？"

9月4日早上，法军侦察机的报告使加利埃尼看到了他"必须立即行动"的时机。克卢克部队向巴黎东南方向的冒险挺进，已使他的殿后部队成了毛老里的法第6集团军和英军进攻的目标。上午9时，在还未取得霞飞同意的情况下，加利埃尼就向毛老里发布预令，让他先做好战斗准备。9月5日傍晚，霞飞向部队发布了一项简短的动员令："我们马上就要参加一个会战，这是关系我们国家命运的一战。撤退的阶段已经结束，现在我们应全力以赴，向敌人进攻并把他们逐回，部队倘若不能再前进，那就不惜一切代价守住阵地，宁肯战死而决不后退。在当前情况下，任何示弱的行动都是不能容忍的。"

9月5日，当克卢克集团军经过巴黎东面，可以望见埃菲尔铁塔时，其右后方侧翼受到毛老里的法第6集团军的袭击。克卢克立即命令第3和第9军回过头去对付毛老里，而这两个军的任务是负责掩护德第2集团军的右翼的。这样，德第1集团军和第2集团军之间，产生了一个宽达20英里的缺口。因为面对着这个缺口的英军，已经迅速地撤退，所以克卢克才敢冒这个危险。对德军来说，取胜的关键就在于它能否在法军主力部队和英军利用这一缺口突破自己的蜂腰部之前，击溃法军的两翼，即毛老里的第6集团军和福煦的第9集团军。

克卢克重点对付毛老里的部队。毛老里快要顶不住时，请加利埃尼从巴黎城内速派兵增援。这一要求启发加利埃尼组织了战史上第一支摩托化纵队，即马恩出租汽车队。加利埃尼令巴黎警察征集了大约600辆出租汽车，将1个师的兵力输送到战场，使毛老里最终没被克卢克打垮。

9月6日凌晨，法军发起全线反攻。法第6集团军继续与德第1集团军在奥尔奎河上激战；法第5集团军也掉转头来，变撤退为进攻，同德第1集团军厮杀，并同德第2集团军右翼交火；法第4和第9集团军则截住德第3、第4集团军，使德第1、第2集团军陷于孤立。

9月8日，关键时刻到来了。弗伦奇率领英军的3个军悄悄地爬进了德第1集团军和第2集团军之间的缺口，将德国第1集团军与第2集团军隔开了，使克卢克和比罗面临着被分割包围的危险。于是，比罗遂在9月9日下令他的第2集团军撤退。当时克卢克的第1集团军虽暂时击败毛老里，可此时他也处于孤立的境地，不得不于同一天也向后撤退。至9月11日，德军所有的军团都后撤了。至此，马恩河会战结束。协约国军粉碎了德军的速战速决的计划，保住了巴黎，遂使第一次世界大战中的西线战场形成了胶着状态。这场会战的战略性结果巨大，德国人丧失了其优先击败法国再转过身来对付俄国的唯一机会。

在这场会战中，交战双方先后投入150万的兵力，伤亡人数在30多万。其中，法军阵亡2.1万人，受伤12.2万人；德军阵亡4.3万人，受伤17.3万人。自大战爆发后的一个多月的时间内，德军遵循施利芬定下的基本方针，迅速穿越比利时领土向法国本土挺进。那时整个德国，甚至几乎全世界，都深信德军会很快胜利，巴黎即将被占领。然而，当德国人的胜利似乎唾手可得，法国人的灾难迫在眉睫时，协约国军却在马恩河畔转败为胜，因而被人们称为"马恩河畔的奇迹"。加利埃尼则是这场战役中的关键人物。

英法百年战争

公元1337年—1453年，英法两国先为王位继承问题展开争权夺利的斗争，尔后演变为英国对法国的入侵，法国则被迫进行反入侵，战争性质从封建王朝混战变化到侵略与反侵略，其结果可谓完全违背了英法王朝统治者的预料。

中世纪，英国诸王通过与法的一系列联姻，均成了法国诸王大片领地上的主要封臣。1328年，法国卡佩王朝绝嗣，支裔华洛瓦家族的腓力六世继位，英王爱德华三世以卡佩王朝前国王腓力四世外孙的资格，争夺卡佩王朝继承权。1337年爱德华三世称王法兰西，腓力六世则宣布收回英国在法境内的全部领土，派兵占领耶讷，战争遂起。

这场战争除王位继承原因外，双方还为了争夺在法境内的富庶的佛兰德尔和阿基坦地区。这个地区与英国有着密切的经济联系。法国于1328年占领该地，英王爱德华三世遂下令禁止羊毛向该地出口。佛兰德尔地区为了保持原料来源，转而支持英国的反法政策，承认爱德华三世为法国国王和佛兰德尔的最高领主，使英法两国矛盾进一步加深。这也是导致战争发生的一个基本原因。

这次战争分四个阶段。第一阶段（1337—1360年），英法双方争夺佛兰德尔和基恩。在斯吕斯海战（1340年）中，英海军重创法海军，夺得制海权。在1346年8月的克勒西会战中，英军又取得了陆上的优势，并经11个月的围攻占领了海岸要塞加来港（1347年）。将近10年的休战之后，在普瓦提埃战役（1356年）中法军再次被击败。法国被迫于1360年在布勒丁尼签订和约，和约条款极为苛刻，其中规定把从卢瓦尔河至比利牛斯以南的领土割让给英国。

第二阶段（1369—1380年），为了夺回英占领区，法王查理五世（1364—1380年在位）改编了军队，整顿了税制。他用雇佣步兵取代部分骑士民团，并建立了野战炮兵和新的舰队。久格克连被任命为军队总司令（元帅），并拥有很大的权力。法军采用突袭和游击战术，到70年代末已逐步迫使英军退到沿海一带。为了保住在法国的几个沿海港埠和波尔多与巴荣讷间的部分地区，并鉴于国内形势恶化，英国遂与法国签订停战协定。

第三阶段（1415—1424年），法国因国内矛盾加剧（勃根第派和阿曼雅克派两个封建主集团发生内讧；农民和市民举行新的起义）而遭到削弱，英国乘机重启战端。1415年，英军在阿金库尔战役中击败法军，并在与其结成同盟的勃根第公爵的援助下占领法国北部，从而迫使法国于1420年5月21日在特鲁瓦签订丧权辱国的和约。按照和约条款规定，法国沦为英法联合王国的一部分。英王亨利五世宣布自己为法国摄政王，并有权在法王查理六世死后继承法国王位。但是，查理六世和亨利五世于1422年都先后猝然死去。由于争夺王位斗争的（1422—1423年）加剧，加上法国遭到侵略者的洗劫和瓜分，处境十分困难。捐、税和赔款沉重地压在英占区的居民的身上。因此，对法国来说，争夺王位的战争逐渐转变为民族解放战争。

第四阶段（1424—1453年），随着人民群众的参战，游击战更加广泛地展开（特别是在诺曼底）。领导这场斗争的是贞德。而战争的性质也已变了：就法国方面来说，是反抗英国侵略的正义战争，而英国方面则是进行侵略性的非正义战争。

贞德出生在法国北部香槟与洛林交界处的杜列米村，从小就开始了牧女的生活。艰苦的生活使她逐渐成为一个性格坚强、不怕困难、敢于斗争的少女。1428年，她3次求见王太子，陈述她的救国大计。1429年4月27日，王太子授予贞德以"战争总指挥"的头衔。她全身甲胄，腰悬宝剑，捧着一面大旗，上面绣着"耶稣马利亚"字样，跨上战马，率领3000—4000人，向奥尔良进发。奥尔良已被英军包围达半年之久。贞德先从英军围城的薄弱环节发动猛烈进攻，英军难以抵挡，四散逃窜。贞德率领士气高昂的法军，迅速攻克了圣罗普要塞、奥古斯丁要塞、托里斯要塞，敌人闻风丧胆，听到贞德的名字就吓得发抖。人们高唱赞美诗，歌颂贞德的战功，称她为"奥尔良姑娘"。5月8日，被英军包围209天的奥尔良终于解了围。奥尔良战役的胜利，扭转了法国在整个战争中的危难局面，从此战争朝着有利于法国的方向发展。

但是，宫廷贵族和查理七世的将军们却不满意这位"平凡的农民丫头"影响的扩大，他们害怕人民比害怕英国人还厉害，便蓄意谋害贞德。1430年在康边城附近的战斗中，当贞德及其部队被英军所逼、撤退回城时，这些封建主把她关在城外，最后竟以4万法郎将她卖给了英国人。1431年5月29日上午，贞德备受酷刑之后在卢昂城下被活活烧死，她的骨灰被投到塞纳河中。死时，贞德还不满20岁。贞德之死激起了法国人民极大义愤和高度爱国热情，在人民运动的压力下，法国当局对军队进行了整顿。1437年法军攻取巴黎，1441年收复香槟，1450年夺回曼恩和诺曼底，1453年又收复基恩。1453年10月19日，英军在波尔多投降，战争至此结束。

百年战争从1337年至1453年，持续了116年，给法国人民带来了深重的灾难，同时也促进了法国民族意识的觉醒。在这次战争中，英国的雇佣军优于法国的封建骑士民团，这促使法国第一次建立了常备雇佣军。骑兵已失去了以往的作用，而步兵的作用，特别是那些能够成功地与骑兵一同作战的弓箭手的作用得到了提高。火器在当时虽还抵不上弓和弩，但却被越来越广泛地运用到各种作战中去。这些对英法军队乃至西欧国家军队的建设都有重要的影响作用。

偷袭珍珠港

夏威夷檀香山时间1941年12月7日，周日，早4时，美国太平洋舰队常驻基地珍珠港以北250海里，来一支庞大的舰队打破了宁静，向南驶来。六艘航空母舰排成了两路纵队，在他们的四角有两艘高速战列舰和两艘重巡洋舰，最外一圈是九艘驱逐舰，而在这个钢铁花环最前面引导的是一艘轻巡洋舰和两艘潜艇。舰队在尚未破晓的海面上，留下了一条又粗又宽的雪白航迹。每一艘航空母舰的飞行甲板上，排满了双翼展开、引擎开动的战鹰。机腹下有的挂着重型炸弹，有的挂着鱼雷，铅灰色的雷壳上微微闪烁着冷光。

6时多，49架水平轰炸机、40架鱼雷机、51架俯冲轰炸机和43架零式战斗机共183架飞机从6艘航空母舰上全部升空。机群迅速完成编队，在舰队上空绕飞一周后，像离弦的箭一般扑向了珍珠港。

进入40年代，美日都发现小小的太平洋已容不下两艘大船。外交斡旋的同时，太平洋上已剑拔弩张。美国首先将太平洋舰队移师珍珠港，随后日本联合舰队司令山本五十六大将即制定出袭击珍珠港的计划。为此，日本帝国海军研制了微型潜艇，改装了浅水鱼雷和穿甲弹，精确地配置了进攻机群，在与珍珠港相近的鹿儿岛进行了严格的训练，采取了封锁式的保密措施，选择了最隐蔽的出击航线。

7时02分，瓦胡岛最北面的雷达管制员发现有一大群飞机从北飞来，询问了值班的泰勒中尉后，得到的回答是，一定是从西海岸飞来的B—17机群。这样，珍珠港错过了最后的一个机会。

7时35分，渊田的飞机第一个到达珍珠港时，港中仍洋溢着周日早晨的平静。机场上的军用飞机，为防止破坏而机翼对机翼整齐地排放着。渊田打出了一发信号弹，命令机群按照奇袭队形开始展开，同时发出"虎、虎、虎"的信号，通知母舰奇袭成功。

最初的几分钟内，太平洋舰队中没有人能意识到发生了什么事情，等逐渐清醒后，停在舰队最外侧的西弗吉尼亚号和俄克拉荷马号已各中了两条鱼雷，后者又中了5枚炸弹后，带着400多名官兵倾覆。

8时10分，"珍珠港遭空袭，这不是演习"转到美国海军部，海军部长诺克斯惊道："这不是真的，这一定是指菲律宾。"国务卿赫尔得到这一消息时，衣冠楚楚的野村大使正在接待室中等待着将电文交给赫尔。8时40分，由78架俯冲轰炸机、54架水平轰炸机和35架战斗机组成的第二波攻击波已在瓦胡岛上空展开完毕。8时42分，167架飞机冒着越来越猛的炮火开始了进攻。水平轰炸机队负责攻击瓦胡岛的机场，俯冲轰炸机继续攻击舰只。两次空袭之间只有少数美陆军的飞机得以起飞，又全部被零式战斗机击落，继第一波攻击之后，日军继续保持着制空权。

这时珍珠港已经浓烟滚滚。港内，停在战列舰队末尾的内华达号战列舰离开了泊位，她也是整个袭击过程中唯一开动的战列舰，但也因此多吃了不少炸弹。在第二次袭击的末尾，轰炸机队炸掉了靶船犹他号和其他几艘辅助舰只。

9时40分，第二攻击波大摇大摆地撤离了。

在珍珠港事件中，美国太平洋舰队损失惨重。战列舰沉没的有：

加利福尼亚号、俄克拉荷马号、西弗吉尼亚号、亚利桑那号。

战列舰重伤的有马里兰号、田纳西号，内华达号严重受损，宾夕法尼亚号轻伤。

其他舰只犹他号靶船沉没、另有3艘巡洋舰、3艘驱逐舰以及3艘其他舰只被炸伤。

飞机损失：232架。

美军官兵约2400人死亡，其中约1000人死在亚利桑那号上，近2000人受伤。

不幸中的万幸也只能说是太平洋舰队的两艘航空母舰企业号和列克星敦号分别于11月28日和12月5日出海，向威克岛和中途岛运送飞机。另有9艘重型巡洋舰和附属舰只在港外演习。太平洋舰队的另一艘航母萨拉托加号在西海岸修理。

"但不论在不在港内，我们每个人都将永远记住这一时刻。"1941年12月8日，美国总统在国会发表了其历史性的演说，而后国会通过对日宣战和英国对日宣战。9日，与日本战斗了10年的中国正式对日宣战。而后，自由法国、澳大利亚、加拿大等国对日本宣战。11日，清高的德国首先对美国宣战，美国完全投入了二战，将其强大的国家机器转入了战时的轨道，二战也进入了一个新的阶段。

对珍珠港事件的评价不尽相同，一说是日本的巨大胜利，一说是袭击珍珠港只是为美国处理掉了一些过时舰只并激起了其斗志。从日本的角度，珍珠港行动只是一个支援行动，目的是保证日本南进获取南太平洋的石油不会受到美国的阻碍。而日本以29架飞机的代价换取了美国主力舰船19艘、飞机200余架，并使美太平洋舰队在一段时期内难以进入南太平洋，这无可争议地是一个战术胜利，也完全实现了日本的战略意图。

但日本也犯了严重的战略问题——看错了对手，以为美国像中国那样软弱可欺，或是像俄国一样打败了就跑。尽管英美一直在加强太平洋的防御力量，但是最高层次的领导一直认为，即使是最好战的军国主义分子也不敢同时进攻英美，这是由于对日本的民族心理、经济困境和军事力量对比的严重误解而产生的。由于存在麻痹思想，美军战备相当松懈。这也是袭击造成巨大损失的一个原因。但珍珠港事件迫使美国建立了以航空母舰为中心的战略思想，这对以后的作战产生了无法估量的作用。从这一点来看，美国得到的要比日本得到的多得多。

亚述战争

亚述军事帝国的扩张在公元前8至公元前7世纪，亚述是阿拉伯强大帝国，曾发动了一系列扩张性战争。亚述人把这种战争看作是"神"的旨意，"神圣"的事业。亚述战争就是这"神圣"事业的突出表现。

古老的亚述，主要在今伊拉克境内的美索不达米亚地区，位于底格里斯河和幼发拉底河流域北部，东北靠扎格罗斯山，东南以小扎布河为界，西临叙利亚草原。整个亚述是以亚述城（底格里斯河西岸）为中心的，是古代西亚交通贸易中心。

亚述最早的居民是胡里特人，后来塞姆人移入，与胡里特人逐渐融合，成为亚述人。

由于亚述处于特殊的被异族包围的地理环境，经常受到敌对民族进攻的威胁，加之国土、资源又非常有限，使亚述人养成了好战的习性。他们对土地贪得无厌，并且，征服越多就越感到征服之必需，相信只有对外不断地征服，才能保住其已经获得的一切。

每一次征服的成功都刺激着其野心，使黩武主义的链条拴得更牢。亚述那西尔帕二世（前883—前859年）曾攻占叙利亚，扩张领土到卡尔赫米什附近，兵临腓尼基海岸。其后继者萨尔玛那萨尔三世（前859—前824年）在位35年，发动了32次的远征，两河流域北部和叙利亚地区的许多小国大都被征服，公元前8世纪下半期，扩张的规模远远超过了以往，终于形成庞大的军事帝国。

公元前8世纪后，铁器普遍使用，成了亚述统治者对外实行军事扩张的重要手段。统治者把国家建成了一个庞大的军事机器，常备军的规模大大超过了近东任何其他民族。其军队包括战车兵、骑兵、重装和轻装步兵、攻城部队、辎重队，甚至还包括工兵，是一个具有较高水平的合成军队。军队装备精良，士兵都身穿铠甲，有盾牌和头盔防护，以弓箭、短剑和长枪为武器，攻城时还使用特制的撞城槌。

先进的军事装备，为亚述统治者发动对外扩张战争提供了有力的工具。公元前744年，亚述王进军东北，征服了乌拉尔图的同盟者米底各部落。次年，又西征乌拉尔图的北叙利亚各同盟国获胜，俘敌7万余人，乌拉尔图王败逃。公元前742年，亚述军再次西征叙利亚，围攻阿尔帕德城，历时3年终于取胜。公元前739年，叙利亚、巴勒斯坦、腓尼基及阿拉伯等地区19国联合反抗亚述。亚述大军在黎巴嫩山区与之会战，又获胜利，各国降服。公元前732年，亚述军攻下反叛的大马士革，大肆屠杀，并在此设置亚述行省。公元前714年，萨尔贡二世奔袭乌拉尔图腹地，最后攻占其宗教中心穆萨西尔，掠获大批金银财宝。至此，乌拉尔图锐气尽挫，无力再与亚述抗衡。为了争夺两河流域的霸权，亚述的一个重要目标是南邻巴比伦。公元前688年，亚述军攻陷并摧毁巴比伦城，俘迦勒底王，从此巴比伦被亚述控制达数十年。亚述占据叙利亚后，埃及便丧失其在这一地区的优势，因此它极力鼓动和支持叙利亚境内各小国反叛亚述。为征服埃及，约公元前671年，亚述王阿萨哈东率军越过西奈半岛侵入埃及，攻克埃及旧都孟菲斯，埃及各地王公亦表臣服。

约公元前663年，亚述军队又挥师南下，一度攻陷底比斯。埃及人为摆脱亚述统治而进行的斗争从未间断，约公元前651年，埃及法老普桑麦提克终于彻底驱逐亚述占领军。埃兰古国位于今伊朗西南部的胡齐斯坦。公元前7世纪它成为一军事强国。为了争夺巴比伦这一战略要地，亚述与埃兰战事迭起。公元前652年起，亚述王率军苦战3年，终于击败了巴比伦和埃兰等军队。公元前648年，巴比伦城被攻陷，巴比伦王自焚而死。

随后，身披甲胄的亚述骑兵进攻并打垮阿拉伯骆驼兵，降服了阿拉伯。公元前642—前639年，亚述对埃兰发起强大攻势，蹂躏埃兰各地，最后攻入苏萨，洗劫了全城。此后，埃兰沦为亚述属地。

亚述统治者的侵略战争是以极度凶残为特色的。军事所至，庐舍为墟，居民几乎全被屠戮。如在亚述那西尔帕二世所征服的土地上，男子被杀或沦为奴隶者约占三分之一，儿童则几乎无一子遗。财富也全被劫走，即使有残余居民，亦冻饿而死。亚述的野蛮征服造成了赤地千里、惨绝人寰的景象。从提格拉特帕拉沙尔三世起，屠杀的凶焰稍稍收敛，但被征服居民仍差不多全被劫走，迁移到距亚述较近的地区。

亚述军事帝国的残暴征服和对社会生产力的破坏，以及它所采取的高压统治政策，给各地人民带来深重的灾难，也激起被征服者的不断反抗。公元前7世纪后期，亚述帝国的经济力量已被多年的战争消耗殆尽，其军事威力也已成强弩之末。此时，米底人和迦勒底人正结成新的军事同盟。公元前614年，米底军队乘亚述军队在外作战内部空虚之机，攻陷千年古都亚述城。公元前612年，迦勒底和米底联军又攻陷帝国首都尼尼微（"狮穴"），亚述王自焚于宫中，亚述帝国灭亡。亚述国土全被并吞，民众悉被奴役或消灭，以致后来关于亚述的历史竟然难寻踪迹。

亚述对外扩张中之所以取得一系列胜利，主要在于其有一套较为完备的军事组织和先进的技术。如其使用的撞城车，车头上装有巨大金属撞角，车体设有保护层，车内配操纵人员。亚述的军事技术和传统，对后来的强国（包括波斯和罗马）有着深远的影响。

古亚述在人类漫长的历史长河中只不过是一个昙花一现的军事强国，但其军事在中东的影响是相当长远的、强烈的。一是黩武精神得到了广泛的传播，深深地烙在了中东人的意识之中。亚述及后来的中东广大地区都信仰宗教，并把战争与宗教紧密结合在一起，人们视战争为最神圣的事业、最光荣的职责；如果淡漠战事，无异于是对神的亵渎。这样，无论是正义还是非正义战争，都披上了神的外衣，都被认为是天经地义的事。二是凡具有遗传性的艺术、文学作品都以反映战争为主要内容，并以此来影响后代。如历代国王都在宫墙、碑柱上记载自己统治时期的事迹，构成完整的年代记，其内容多是夸耀杀人略地的"功绩"。三是亚述的战争所带来的巨大利益，深深地刺激了后来的国家（包括波斯和罗马等），其征服行为为后来者效仿。四是不断强化战争机器，成为后来许多国家谋求强大的基本国政。研制先进的武器装备和组织与之相适应的军队是亚述夺取一系列战争胜利、获取霸权的主要原因。这对中东国家乃至世界的影响是极为深远的。

美西战争

19世纪末，美国进入了帝国主义时期。美国垄断资本财团迫切需要开辟新的市场、投资场所和原料产地，于是各种宣传机器大造对外扩张的舆论。但是正当美国准备向海外扩张时，整个世界已为老牌殖民大国瓜分完毕。美国想重新瓜分世界殖民地，但因力量有限，还无力同英法等国相抗衡，只有老朽帝国西班牙是个好目标。这时的西班牙已是日薄西山，昔日的庞大帝国仅剩下古巴、波多黎各和亚洲的菲律宾。美国决定首先拿西班牙开刀，夺取这几个西班牙殖民地，以便控制中美洲和加勒比地区，并取得向远东和亚洲扩张的基地。

这时，西属殖民地人民的斗争也给美国创造了有利环境。菲律宾和古巴先后爆发了反对西班牙殖民统治的武装起义。菲律宾起义军已解放了全国大部分地区，包围了马尼拉。古巴起义军则牵制了西班牙的20万大军。美国抓住这一"天赐良机"，借1898年2月15日的"缅因"号事件，大造战争舆论，于4月25日正式向西班牙开战。

美国早就为战争做好了准备：美国已经建立了一支号称世界第三的强大舰队，国会已征兵20万，拥有速射野战炮、电报、电话等先进装备。反之，西班牙毫无准备，在古巴的20万西军只有1.2万人能打仗，其余多是老弱病残。海军仅有一些旧式木壳军舰。在菲律宾也只有4.2万军队，而且西班牙政局一片混乱，军政界人士普遍认为同美国作战没有获胜希望。

4月27日，杜威率领早已在香港待命两个月的美国亚洲舰队起航驶往菲律宾。5月1日拂晓前到达马尼拉港外。不久，西班牙军舰首先开火，双方展开了激烈的海战。美军共有6艘新型装甲蒸汽战舰及5艘辅助船只，而西班牙有7艘木壳战舰，均破旧不堪，其中旗舰还漏水。美舰在火力和速度上也占绝对优势。而且西舰甲板上堆满了锅炉用的木柴、煤等易燃物，被炮弹一一击中便会燃起熊熊烈火。战至中午，7艘西舰全被击沉，西军伤亡381人，美方仅轻伤8人。马尼拉湾海战决定了西班牙在菲律宾的结局。

　　杜威在消灭了西班牙舰队后，因无陆军，便封锁马尼拉，等待国内陆军到来。7月底，W·麦里特率领美远征军第八军1.5万人从美国赶来。此时马尼拉已被2.5万菲律宾起义军所包围。美军为独占马尼拉，便玩弄狡猾伎俩。杜威与起义军首领达成协议，允诺承认菲律宾的独立。起义军轻信了美国的许诺，答应与美军共同作战。却不知麦金莱总统早已下令美军在任何情况下，都要阻止革命军进占马尼拉。而且美军私下里早与西班牙总督达成了秘密协定，在不许菲军人城的情况下，西班牙把马尼拉"转让"给美国。8月13日，美军发动假进攻。西军略做抵抗后，便缴械投降。战斗刚一结束，杜威便撕毁协议，以武力逼起义军撤至郊区。美军建立了军政府，独占了马尼拉。马尼拉之战结束了西班牙对菲律宾的殖民统治。

　　古巴是美西战争的主战场。美国组建了2.5万人的远征军，在佛罗里达的坦帕进行紧张训练。美海军由两支分舰队封锁古巴的沿海。但是5月19日西班牙舰队成功地避开美舰的封锁，抵达圣地亚哥港，并以蛛网般的水雷阵掩护，及岸上防火炮支援，准备抗击美军攻击。5月28日，美舰队驶抵圣地亚哥港外，几天后又与另一支美舰队会合，共有舰艇24艘，形成严密的封锁。美军随后出动陆军开往古巴。美陆军本想攻击哈瓦那，但因海军请求，便同意与海军合攻圣地亚哥。6月22日，美第五军近1.7万人在海军炮火掩护下，于圣地亚哥以东顺利登陆。此时，古巴起义军也已解放大部分国土，并包围了圣地亚哥。美军在与古起义军经过会谈后，开始协同作战。6月29日，美军抵达关塔那摩郊外。7月1日，向城东制高点埃尔卡内和圣胡安山发起猛攻。西奥多·罗斯福指挥的义勇军骁勇善战，经激烈的白刃战攻占了圣胡安山，埃尔卡内不久也被攻占。西军7月2、3日展开反攻，双方展开拉锯战，美军最终击退了西军的反扑。

在陆军激战的同时，7月3日西班牙舰队企图突围。双方在圣地亚哥湾展开了激烈的海战。美军以猛烈而准确的火力打得西舰一艘接一艘起火燃烧沉没。经4小时激战，西舰队又全军覆灭，被击沉舰艇7艘，被俘两艘，阵亡600人，舰队司令塞尔维拉及1800名官兵被俘。美军仅有两舰轻伤，死伤各1人。

美军歼灭了西舰队后，和古起义军围攻圣地亚哥。7月16日，西军弹尽粮绝，2.4万军队放下了武器。美军同在菲律宾一样背信弃义，撇开起义军而单独与西班牙谈判与受降，禁止起义军入城，美军独享了胜利果实。

在战争过程中，美军还夺取了其他一些战略要点。6月20日，美军攻占了太平洋上的重要战略岛屿关岛。7月4日，又占领威克岛。7月25日，纳尔逊·迈尔斯指挥3000美军登陆波多黎各建立了军事基地。8月初，美又增兵1万，分四路围攻波多黎各首府圣胡安，经过小规模战斗，付出50人的伤亡后，攻占了波多黎各全岛。

战争以美国的胜利而告终。1898年12月10日，美西两国签订了《巴黎和约》。西班牙把菲律宾、波多黎各和关岛割让给美国。美国付出2000万美元给西班牙作为对菲律宾的补偿。

美西战争作为第一次帝国主义战争而载入史册。这场战争规模不大，时间不长，双方参战不超过5万人。在战争中，美军付出了5000人死亡的代价，但战死者不超过400人，多为伤病而死。美军是第一次去海外远征作战，战争胜负取决于海战。当美国海军分别在马尼拉湾和圣地亚哥湾歼灭西班牙分舰队后，战争大局就已决定。战争中也暴露出美军的许多军事弱点：军队对海外作战准备不足，后勤供应混乱，尤其是医疗保障差，使军中黄热病死亡人数为阵亡者的10倍以上。此外，陆海军之间的协同行动也存在许多问题。

战争大大助长了美国的侵略气焰。美国把加勒比海变成了"内湖"，在太平洋获得了重要的战略基地。此后，美国积极参与了列强对远东及太平洋地区霸权的角逐。

希腊独立战争

19世纪20年代，希腊人民开展了一场反抗土耳其统治、争取民族独立的战争。这场战争结束了奥斯曼帝国对希腊近400年的军事封建统治，是希腊社会发展史上的一个重要里程碑。

希腊长期处于奥斯曼帝国统治之下，广大人民饱受痛苦和磨难。土耳其封建主残酷压迫希腊人民，强迫他们履行各种封建义务，激起广大希腊人民的强烈反抗。另一方面，奥斯曼帝国统治集团内部昏庸无能，封建军事专制制度严重制约希腊迅速发展的资本主义经济。同时，土耳其境内暴动、反叛活动此起彼伏，这一切都给希腊独立战争创造了良好的时机。

战争第一阶段（1821年3月—1822年1月），希腊全民奋起，其中农民和新兴民族资产阶级是革命的主要力量。1821年3月4日，侨居俄国的希腊"友谊社"总负责人依普希兰狄斯越过俄国国界，率领起义军在罗马尼亚的雅西号召希腊人民起义。起义很快席卷整个希腊的大部分陆地和爱琴海许多岛屿。10月5日，希腊军民攻占特里波利斯城。起义军不久几乎全部解放伯罗奔尼撒半岛。1822年1月，起义军在厄皮道尔召开首届国民议会，宣布希腊独立，成立国民政府。

战争第二阶段（1822年6月—1827年6月），起义军暂时受挫。土耳其政府不甘心失败，面对希腊人民的胜利，开始对起义军血腥镇压。开俄斯岛军民10万人，一次就被土耳其军队血洗2.3万人，4.7万人被出卖当奴隶。但土军随后向南深入伯罗奔尼撒内地，遭农民起义军的伏击，伤亡很大。在海上，希腊小船敢于与装有大炮的土舰作战。一水兵驾驶一艘着火的船冲进土舰停泊场，烧毁1艘军舰，其余上舰全部逃入达达尼尔海峡。希腊军民的胜利严重挫伤了土军的士气，士兵害怕送命，拒绝参战，土军陷入一片混乱。但这时，希腊起义军领导集团内部发生分裂，军政首脑忙于权力之争，贻误了有利战机。起义军未能乘土军混乱之际，扩大战果，解放中北部地区，以赢得独立战争的胜利。伯罗奔尼撒的封建势力乘机联合"民主派"，反对"亲欧派"。经过两次激烈的武装冲突，"民主派"遭失败，希腊内部战争结束，起义军力量蒙受重大损失。

1824年7月，土耳其统治者与其藩臣埃及统治者签订协定，共同镇压希腊人民起义。1825年2月，埃及陆海军9万大军在伯罗奔尼撒半岛南部登陆。希腊军队虽英勇抵抗，仍未能阻挡埃军的进攻。1827年6月，科林斯地区以北的希腊国土落入土耳其军之手。自由希腊仅保留伯罗奔尼撒一部分国土和爱琴海上的若干岛屿。但是希腊人民的斗争并没有结束。

战争第三阶段（1827—1829年），战争国际化。由于希腊独立战争曲折的发展历程，世界舆论加大，对欧洲大国利益的影响加深，促使俄、英、法等国的关注，尤其是沙俄政府。

早在1825年，俄国政府为巩固俄在巴尔干半岛的势力，就认为必须支援希腊人的独立战争。俄国一旦占领达达尼尔海峡和博斯普鲁斯海峡，无论在贸易和政治方面，无疑都是对英国实力的一个沉重打击。英国政府是绝对不会同意的，也不愿意让俄国单独进行干预。于是，英国先与俄国达成某些让步，以此牵制俄国的行动。1826年4月4日，两国在彼得堡签订关于联合调处希土停战和希向土纳贡获取自治的议定书。议定书规定，英俄两国都不在希腊牟取特权。1827年7月6日，英、法两国与俄国在伦敦签订三国协约，重申1826年彼得堡议定书的条款，并补充规定，要求希土双方立即停火，否则三国将共同采取强制措施制止希腊战争。土耳其当局驳斥伦敦协约的一切条件，拒绝停止军事行动。1827年10月20日，英、法、俄三国舰队与埃土舰队在纳瓦里诺海湾进行交战。经4小时激烈海战，埃土联合舰队遭重创。1828年4月，俄土战争相继爆发，俄军穿过巴尔干半岛，进入马里查河谷，攻占阿德里安堡。1829年，土耳其被迫与俄国签订《阿德里安堡条约》，接受俄、英、法三国伦敦协约。

希腊起义军利用俄土战争之际，先后解放了部分国土。1829年5月14日，解放米索隆基市；9月，起义军在别特拉与土军交战，大获全胜。

1830年4月，土耳其政府接受英、法、俄于1830年2月3日新的伦敦议定书，承认希腊独立。

希腊独立战争是一次民族大起义，是一场反殖民地反封建的资产阶级革命，最终以希腊人民的胜利、奥斯曼帝国的失败而结束。希腊独立战争的胜利，为希腊资本主义的发展开辟了新的道路，使巴尔干半岛其他国家的人民受到了鼓舞，促进了民族解放运动的高涨，对欧洲乃至世界产生了深远的影响。

美国独立战争

1775 年 4 月 19 日，在列克星敦打响第一枪的美国独立战争，是北美殖民地人民为反对英国殖民统治，争取民族独立而进行的民族解放战争。这场战争从 1775 年至 1783 年，持续 8 年之久，最终以英国在北美殖民统治的破产和北美殖民地的独立而告结束。

北美大陆本来是土著居民印第安人世代生息繁衍之地。17 世纪初，欧洲开始向北美移民。从 1607 年第一批移民踏上弗吉尼亚至 1733 年最后一个殖民地佐治亚的建立，英国移民先后在北美东海岸建立了 13 个殖民地，这就是后来美国最初的 13 个州。欧洲移民来到北美洲，同时也把欧洲的资本主义生产方式移植到北美洲来了。与此同时，北美 13 个殖民地的居民日益融合。在独立战争爆发前，在北美这个新的地域上已形成了一个不同于英国的新的民族，即美利坚民族，在不列颠帝国的疆界内出现了与英国资本主义并存的北美资本主义。英属北美殖民地资本主义的发展合乎逻辑地提出了这样的要求：挣脱对宗主国的依附关系，独立地发展资本主义。

然而北美殖民地独立发展资本主义的强烈愿望遭到了英国当局高压政策的阻挠。英国殖民当局为了使北美殖民地永远充当其廉价的原料基地和商品倾销市场，极力遏制殖民地经济的自由发展。英国殖民当局接连颁布一系列法令，禁止向阿巴拉契亚山以西迁移，禁止殖民地发行纸币，宣布解散殖民地议会，并对殖民地课以重税，加紧军事控制等等。英政府的所作所为，激起了殖民地各阶层人民的强烈反抗。群众纷纷走上街头，举行声势浩大的游行示威。1773年3月5日发生了驻北美英军枪杀波士顿居民的"波士顿惨案"，群情为之激愤。1774年英政府变本加厉，又接连颁布5项"不可容忍的法令"，使宗主国与殖民地矛盾进一步激化。北美殖民地人民忍无可忍，决心拿起武器与殖民当局抗争。

为了迎接即将到来的战斗，各个殖民地纷纷储集军火，制造武器，组建名为"一分钟人"的民兵队伍。1774年9月5日，12个殖民地选派的55名代表在费城召开了第一届大陆会议，商议共同抗英事宜。会议后，革命形势日益成熟，北美殖民地同宗主国之间除了用战争解决问题外，已别无选择了。

1775年4月18日，马萨诸塞总督托马斯·盖奇根据密报，派遣800名驻波士顿英军前往康科德，搜缴当地民兵的秘密军火库，并企图逮捕当地"通讯委员会"领导成员。这一消息为"通讯委员会"情报人员所截获，星夜飞报了当地爱国者。"一分钟人"接报后，立即集结。翌日清晨，当英军进至列克星软和康科德一带时，遭到了早已严阵以待的民兵的袭击。民兵们从岩石、树林、灌木丛后面对准英军发出了雨点般的射击。英军伤亡273人，北美民兵伤亡93人，康科德、列克星敦的战斗打响了"声闻全世界"的第一枪，揭开了美国独立战争的序幕。8月23日英王发布告谕，宣布殖民地的反抗为非法。12月22日，英国议会通过派遣5万军队赴北美殖民地镇压革命者的决议。

1775年6月15日第二届大陆会议决定组建正规的大陆军。原英军上校、弗吉尼亚种植场主华盛顿被任命为大陆军总司令。英军企图凭借其陆海军优势首先切断新英格兰与其他殖民地的联系，然后各个击破之。大陆军在华盛顿的率领下采取避敌锋芒，持久耗敌的方针，与英军展开了长期的艰苦卓绝的斗争。从1775年4月打响独立战争第一枪到1783年战事结束，为期8年的美国独立战争大体经历了三个阶段。

第一阶段：从1775年4月至1777年10月，为战略防御阶段。这一阶段主战场在北部地区，战略主动权掌握在英军手中。1775年6月17日，波士顿民兵在邦克山战斗中与装备精良的英国正规军展开了第一次正面交锋，显示了北美民兵惊人的战斗力，大大鼓舞了殖民地人民为独立而战的斗志。在斗争的高潮中，1776年7月4日，大陆会议正式宣布脱离英国而独立。1776年12月在经过激烈争夺后，为了保存实力，化被动为主动，华盛顿决定放弃纽约。纽约失陷标志着独立战争进入困难时期。1776年12月25日圣诞节之夜，华盛顿率部渡过特拉华河，奇袭特伦顿黑森雇佣军兵营成功，接着又在普林斯顿重创英军，使陷入低潮的美国独立战争重新获得了活力。1777年7月英军计划兵分三路，分进合击，会师奥尔巴尼，以尽快实现其切断新英格兰的战略企图。当北路 7200 余名英军在伯戈因的率领下，从蒙特利尔孤军南下时，立即陷入新英格兰民兵的汪洋大海之中，处处受到民兵阻击和围追堵截。在弗里曼农庄和贝米斯高地接连受挫后，伯戈因被迫退守萨拉托加。大陆军和民兵以 3 倍于英军的优势兵力将英军团团围住，伯戈因弹尽粮绝，孤立无援，于 10 月 17 日被迫率领 5700 名英军投降。萨拉托加大捷大大改善了美国的战略态势和国际地位，是美国革命战争的重要转折点。

第二阶段：从 1777 年 10 月至 1781 年 3 月，以萨拉托加大捷为标志，进入战略相持阶段，主战场逐步转向南部地区。在这一阶段国际环境日益向有利于美国的方向发展。萨拉托加大捷后，法国、西班牙、荷兰等改变了动摇不定的观望态度。1778年 2 月法美签订军事同盟条约，法国正式承认美国。1778 年 6 月法英开战，西班牙也于 1779 年 6 月对英作战。俄国于 1780 年联合普鲁士、荷兰、丹麦、瑞典等国组成"武装中立同盟"，打破英国的海上封锁。1780 年 12 月荷兰进一步加入法国方面对英作战。北美独立战争扩大为遍及欧、亚、美三大洲的国际性反英战争，英国陷入空前孤立的境地。在南部战场上，美国大陆军和民兵以游击战和游击性的运动战与敌周旋，日趋主动。在 1781 年的吉尔福德之战中，英军伤亡惨重。在大陆军和民兵的持久消耗下，英军渐感力量不支。1781 年 4 月英军在康沃利斯率领下，实行战略收缩，向北退往弗吉尼亚。格林乘势挥师南下，在民兵游击队配合下，拔除英军据点，收复了除萨凡纳和吉尔斯顿之外的南部国土。

第三阶段：从1781年4月至1783年9月，为战略反攻阶段。1781年8月，康沃利斯率7000名英军退守弗吉尼亚半岛顶端的约克敦。此时在整个北美战场英军主要收缩于纽约和约克敦两点上。1781年8月，华盛顿亲率法美联军秘密南下弗吉尼亚，与此同时，德格拉斯率领的法国舰队也抵达约克敦城外海面，击败了来援英舰，完全控制了战区制海权。9月28日，1.7万名法美联军从陆海两面完成了对约克敦的包围。在联军炮火的猛烈轰击之下，康沃利斯走投无路，于1781年10月17日即伯戈因投降的第四个周年纪念日，请求进行投降谈判。10月19日，8000名英军走出约克敦，当服装整齐的红衫军走过衣衫褴褛的美军面前一一放下武器时，军乐队奏响了《地覆天翻，世界倒转过来了》的著名乐章。

约克敦战役后，除了海上尚有几次交战和陆上的零星战斗外，北美大陆战事已基本停止。1782年11月30日，英美签署《巴黎和约》草案，1783年9月3日，英国正式承认美国独立。

美国独立战争是世界历史上第一次大规模的殖民地人民争取民族解放的资产阶级革命战争，是历史上以小胜大，以劣胜优，以弱胜强的杰出战例。在广泛的国际援助下，经过8年之久的艰苦卓绝的斗争，仅有300万人口的北美13个州，最终打败了拥有近3000万人口的世界第一工业国大英帝国。独立战争的胜利，打碎了英国殖民统治的桎梏，实现了北美殖民地政治上的独立，大大解放了北美殖民地的生产力，为美国资本主义和现代文明的迅速发展开辟了广阔的道路。美国独立战争第一次将欧洲启蒙运动的自由哲学思想大规模地付诸实践，体现了一种新的进步的政治精神和价值观念。独立战争中诞生的《独立宣言》在人类历史上第一次以正式文件庄严宣布了人民主权的原则，宣布了人民革命的正当权利，粉碎和否定了所谓君权神授的谎言。美国独立战争所体现的资产阶级的进步的政治精神给欧洲乃至全世界都带来了深刻的影响。它不仅惊醒了欧洲，促进了法国资产阶级革命的爆发，而且为拉美争取殖民地独立的斗争提供了成功的范例，有力地推动了拉丁美洲民族解放运动的蓬勃兴起。

亚历山大东征

正当伯罗奔尼撒战争使希腊诸城邦大伤元气的时候，北方近邻马其顿国家却逐渐强大起来，其国王腓力凭借其强大的军事力量，趁希腊各城邦混乱不堪、无力外御的时候，先后夺取了一个个衰落的希腊城邦。公元前338年，马其顿军队大败希腊联军于喀罗尼亚城下，确立了在全希腊的霸主地位。下一步侵略目标，便是东方的波斯及其他文明世界。然而，公元前336年，腓力二世遇刺身亡，他的儿子亚历山大受军队的拥戴登上王位，时年20岁。他决心继承父业，实现其称霸世界的目标。

　　亚历山大曾拜希腊著名哲学家亚里士多德为师，自幼接受希腊文化教育。他酷爱希腊文化，梦想不仅要征服世界，而且要使世界希腊化。亚历山大继承王位之后，即着手仿效希腊人的制度，实行政治、军事改革，削弱氏族贵族的势力，加强君主的权力；改革货币，奖励发展工商业；最重要的是军事改革，他创立了包括步兵、骑兵和海军在内的马其顿常备军，将步兵组成密集、纵深的作战队形，号称马其顿方阵，中间是重装步兵，两侧为轻装步兵，每个方阵还配有由贵族子弟组成的重装骑兵，作为方阵的前锋和护翼。亚历山大通过这些改革，使马其顿迅速成为军事强国。他在平定国内叛乱和希腊反马其顿起义之后，便开始了对东方的远征。

　　公元前334年春，亚历山大率领马其顿和希腊各邦的联军，包括步兵3万人，骑兵5000人和160艘战舰，渡过达达尼尔海峡，向波斯进军。当时波斯帝国已极度衰弱，大流士三世昏庸无能，政治腐败，内部矛盾重重。亚历山大以快速的攻势轻易地征服了小亚细亚半岛。公元前333年，亚历山大的军队在伊苏斯大败波斯军队，波斯国王大流士三世落荒而逃。大流士的母亲、妻子和两个女儿被俘，损失步兵、骑兵约10万人，辎重全部丢失。此役后，联军获得战争主动权，打开了通往叙利亚、腓尼基的门户。

　　公元前332年，亚历山大挥军南下，沿地中海东岸前进，攻占叙利亚，顺利进入埃及，被埃及祭司宣布为"阿蒙神之子"（国王），他自封为法老。联军在尼罗河口兴建亚历山大城，作为他继续东征的后方基地。

公元前331年春，亚历山大又率军从埃及回师亚洲，假道腓尼基向波斯腹地推进，寻波斯军主力决战。10月初，在底格里斯河东岸的高格米拉以西与波斯军主力对阵。大流士此时已组织了较强的新军，集结的军队来自24个部族，号称百万，有刀轮战车200辆，战象15只。双方展开了激烈的骑兵战和肉搏战。亚历山大指挥联军骑兵主力纵队利用缺口迅速杀入敌阵，直逼大流士大营。大流士逃遁，波斯军惨败。联军乘胜南下夺取巴比伦，占领波斯都城苏萨和波斯利斯，以及米底古都埃克巴坦那，摧毁了大流士政权，掳掠金银和其他战利品无数。公元前330年春，亚历山大引兵北上追击大流士，大流士被其部将谋杀，古波斯帝国及阿契美尼德王朝遂亡。马其顿军队征服了波斯的全部领土，一个横跨欧、亚、非三洲的亚历山大帝国建立起来。

公元前327年，亚历山大率军由里海以南地区继续东进，经安息（帕提亚）、阿里亚、德兰古亚那，北上翻越兴都库什山脉，到达巴克特里亚（大夏）和粟特。前325年侵入印度，占领印度河流域，他还企图征服恒河流域，但是经过多年远途苦战，兵士疲惫不堪。由于印度人民的顽强抵抗，加之疟疾的传染，毒蛇的伤害，兵士拒绝继续前进，要求回家。亚历山大不得不放弃东进计划，公元前325年7月从印度撤兵。

前324年，其陆军回到波斯利斯和苏萨，舰队在底格里斯河口靠岸，随后返抵巴比伦，东侵即告结束。

　　亚历山大东征是一次掠夺性远征，历时 10 年，行程逾万里，灭亡了波斯帝国。在西起巴尔干半岛、尼罗河，东至印度河这一广阔地域，建成幅员空前的亚历山大帝国。在东侵过程中，沿途建了许多新城，有好几座是以他自己的名字命名的，最著名的是埃及北部沿海的亚历山大城，今天已经发展为埃及最大的海港。亚历山大建都巴比伦，部署入侵阿拉伯的规划。但是在公元前 323 年，他发烧死去，靠武力征服建立起来的庞大的亚历山大帝国也随之瓦解。他的部将展开争权斗争，经长期混战，在原来帝国版图内形成了几个独立的王国，其中以马其顿、埃及和西亚三个王国领域最大。

　　亚历山大东侵与有些战争相比，时间并不算长，但其独特的进攻和远距离机动作战方式，却在世界战争史上留下了重要的一页。他孤军深入，以进攻为主连续战斗，进行了数以百计的抢渡江河、围城攻坚，以及山地、沙漠地和平原地作战，多次以速决战战胜优势之敌。他在诸兵种运用，特别是骑兵运用、陆海军协同作战、进军路线选定、战斗队形编成、作战指挥和后勤保障等方面，都有自己独到的做法。

　　亚历山大远征，客观上促进了东西方的文化交流。他带头与波斯人通婚，并下令让 3 万名波斯男童，学习希腊语和马其顿的兵法。亚历山大以后，希腊文化依然在亚洲得到不断传播。历史学家称此现象为希腊化文化，并将从亚历山大起到埃及被罗马征服为止这一段时间（前 323—前 3 年），称之为希腊化时代。

意大利独立战争

意大利是古罗马帝国的核心，文艺复兴运动的发源地，欧洲资本主义的摇篮。但是，自从中世纪以来，它曾长期陷入四分五裂、内乱不息的局面。从16世纪起，西班牙、奥地利和法国先后入侵意大利。意大利人民为争取民族独立和国家统一，经历了几个世纪的英勇斗争。

第一次独立战争（1848—1849年）。这次战争是1848年欧洲资产阶级革命的重要组成部分。1848年1月，西西里岛首府首先爆发人民起义，揭开意大利独立战争序幕。3月，米兰人民发动起义，解放米兰；威尼斯人民起义，宣布建立独立的威尼斯共和国。在各地人民起义浪潮冲击下，各邦君主被迫对奥作战。但是，战至4月底，罗马教皇呼吁停止反奥战争，并从前线撤回军队。

5月，西西里起义被镇压，各邦君主的叛变使奥地利获得了喘息之机。6月，奥军得到增援后转入反攻。7月，奥军重占米兰并围攻威尼斯城。8月9日，撒丁王国同奥地利签订停战协定，将伦巴底、威尼斯、帕尔马和莫德纳等地割让给奥地利。

反奥战争失败，独立战争进入资产阶级民主派掌握领导权的新阶段。

1848年8月—1849年8月，对奥战争的失败激起意大利人民的愤怒，资产阶级民主派掌握独立运动领导权，将独立战争推向高潮。威尼斯城人民坚守城池，托斯坎纳人民发动起义，成立共和国。1849年初，罗马共和国建立。1849年3月，撒丁王国国王决定重新对奥作战，但奥军7万人重创撒丁军队，撒丁王国的对奥战争彻底失败。奥军乘胜长驱直入。

罗马教皇向欧洲天主教国家求援，法国、奥地利、西班牙等国聚会加埃塔，制定联合干涉罗马共和国计划。4月，法军1万人向罗马进逼，奥军侵占博洛尼亚，西军逼近罗马以南，对罗马形成围歼态势。加里波第率共和国军多次挫败敌军进攻，迟滞敌军推进，罗马共和国暂时转危为安。6月，法军得到增援后，双方在罗马城外激战。6月23日，法军发起总攻，共和国军损失惨重，无力再战。7月1日，议会决定停止战斗，撤出罗马；3日，法军开进罗马城。1849年8月，威尼斯城被奥军攻陷。至此，第一次独立战争结束。

第二次独立战争（1859—1860年）。第一次独立战争的失利，资产阶级民主派受到沉重打击。50年代，民主派不断分化、瓦解，资产阶级自由派应运而生。1859年4月初，撒丁军队开始动员，月底，奥军开始出击，战争爆发。5月底，双方进行首次交战，联军获胜，加里波第率志愿军深入敌后，连战皆捷，解放大片地区，广大群众揭竿而起，纷纷加入志愿军，加里波第力量不断壮大，有力地牵制奥军作战行动。6月战事，联军损失惨重，其中奥军被逐出伦巴底。对奥战争的胜利，推动了意大利民族解放运动的高涨，人民起义席卷意大利北部和中部。11月初，南部地区宣布并入撒丁省。战至1861年3月，意大利基本实现统一。

第三次独立战争（1866—1870年）。意大利王国成立后，企图通过王朝战争，夺取威尼斯。1866年4月，时值普鲁士和奥地利争夺德意志统一的领导权而发生尖锐矛盾。

1866年4月，普意结成反奥军事同盟，6月，普奥战争爆发，意大利乘机对奥宣战，第三次独立战争爆发。6月24日，奥意两军在库斯托扎进行大规模会战，意军遭重创，被迫撤至明乔河。同时，奥军主力撤回本土，意军免遭打击。加里波第协助政府军作战，深入敌后，连战皆捷。但意大利政府迫于普鲁士首相俾斯麦的压力，强令加里波第撤出奥军战略据点南提罗尔，致使该地重归奥军之手。同时，奥意海军在亚得里亚海附近海域进行一场殊死海战，意军损失惨重，3艘装甲舰沉没，其余舰只撤出战斗。奥军损失甚微。奥意战争结束后，加里波第为解放罗马奔走呼号。1866年10月，加里波第率军打败一支教皇部队，攻占蒙特罗顿多要塞。法国拿破仑三世为阻止加里波第进攻罗马，派远征军经海路在奇维塔维基亚登陆，于10月26日进驻罗马。11月3日，加里波第率部进至门塔纳，遭法军和教皇军队阻击。由于法军装备新式步枪，火力密集，加里波第部遭重创，进军罗马行动再次受阻。

1870年7月，普法战争爆发，拿破仑三世被迫撤回驻罗马法军。9月2日，法军在色当之战中大败，拿破仑三世成为阶下因。意大利王国政府不再担心法国的干涉，遂派6万大军日夜兼程，赶在加里波第之前夺占罗马。9月20日，政府军和加里波第部同时开进罗马城。罗马教皇庇护九世下令停止抵抗，避居梵蒂冈。至此，意大利统一大业终于完成。1871年1月，意大利王国首都由佛罗伦萨迁至罗马。

意大利的独立和统一，经历了长期、艰苦而又曲折的斗争过程，唤起了意大利民族的觉醒。1848—1870年的独立战争最终获得了胜利，使意大利摆脱长期受外族压迫和分裂割据的局面，为资本主义发展扫除了障碍，大大推动了历史的进步。

意大利独立战争造就了杰出代表人物，其中首推加里波第。加里波第在战前通过一系列军事实践活动，获得了丰富的经验。在三次独立战争中，他指挥若定，多次打败兵力上占优势的敌军，取得辉煌战绩。他善于发扬革命军队的政治优势，深入敌后开展游击战，积小胜为大胜，为意大利统一做出了巨大的贡献，后人称他为"现代游击战之父"是当之无愧的。他在军事实践中创立的一整套战略战术，是意大利乃至全世界人民宝贵的精神财富。

斯巴达克起义

在古罗马奴隶制时代，奴隶领袖斯巴达克领导的大起义，曾经震动了整个西方世界，其不畏强暴、前仆后继求解放的斗争精神曾影响了一代又一代奴隶，谱写了奴隶解放的光辉诗篇。

在古罗马，到处都有大规模使用奴隶劳动的大庄园，奴隶称之为"会说话的工具"。奴隶主为了取乐，建造巨大的角斗场，强迫奴隶成对角斗，并让角斗士手握利剑、匕首，相互拼杀。一场角斗戏下来，场上留下的是一具具奴隶尸体。奴隶主的残暴统治，迫使奴隶一再发动大规模武装起义。公元前73年，世界古代史上最大的一次奴隶起义——斯巴达克起义爆发了。

斯巴达克是巴尔干半岛东北部的色雷斯人。罗马进兵北希腊时，在一次战争中斯巴达克被罗马人俘虏，被卖为角斗士奴隶，送到卡普亚城一所角斗士学校，受到非人待遇。在忍无可忍的情况下，斯巴达克向他的伙伴们说："宁为自由战死在沙场，不为贵族老爷们取乐而死于角斗场。"角斗士们在斯巴达克的鼓动下，拿了厨房里的刀和铁叉，冲出了牢笼。在路上，他们正好遇上几辆装运武器的车子，就夺取了这些武器武装了自己，并跑到几十里以外的维苏威火山上聚义。斯巴达克率领起义老在这里安营扎寨，建立起一个巩固的阵地。

许多逃亡奴隶和农民都纷纷前来投奔，斯巴达克的妻子和他是同一个部落的，也参加了起义。起义队伍由70余名角斗士很快发展为约1万人，并多次战胜罗马军队的一些小部队。斯巴达克按照罗马军队的形式将自己的部队进行了改编，除有数个军团组成的步兵外，还建立了骑兵，此外还有侦察兵、通信兵和小型辎重队。除夺取敌人武器外，起义军兵营里还组织制造武器。对士兵进行训练，并制定了严格的兵营和行军生活规章，不久就控制了整个坎佩尼亚平原。

公元前72年初，斯巴达克军队已增到6万人。他将部队开向阿普利亚和路卡尼亚，在那里人数达到12万（据有些史料记载为9万—10万）。被起义的巨大规模震惊的罗马元老院，于公元前72年年中派遣以执政官楞图鲁斯和盖里乌斯为首的两支军队讨伐斯巴达克。这时，起义军内部产生了分歧。大部分奴隶，其中包括斯巴达克，根据敌我双方力量对比，认为在意大利本土建立政权比较困难，主张离开意大利，冲过阿尔卑斯山，进入罗马势力尚未到达的高卢地区，摆脱罗马统治，获得自由，或者返回家乡。而参加奴隶起义运动的当地的牧人和贫农则不愿离开意大利，希望继续与罗马军作战，以夺取失去的土地。由于这种意见分歧，3万人的队伍脱离了主力部队，在伽尔伽努斯山下（阿普利亚北部）被罗马军队击溃（死2万人）。斯巴达克闻讯赶来救援，已经来不及了。

斯巴达克杀死了300名罗马俘虏，祭奠了阵亡战友的"亡灵"，继续率军北上。公元前72年，斯巴达克的军队沿亚得里亚海岸穿过整个意大利。在齐扎尔平斯高卢省（北意大利）的摩提那会战中，斯巴达克的军队击溃了卡西乌斯总督的军队。起义者受到胜利的鼓舞又因越过阿尔卑斯山有不少困难，斯巴达克改变了原来的计划，挥师南下，向意大利南方进军。面对这支驰骋于意大利的起义队伍，罗马统治集团惊慌失措，没有人敢竞选执政官。

元老院宣布国家进入紧急状态，最后选任大奴隶主克拉苏斯统率大军，镇压起义军。公元前72年秋，斯巴达克的军队在意大利布鲁提亚半岛（今卡拉布里亚）集结，预计乘基利基海盗船渡过墨西拿海峡。但海盗不守信用，没有提供船只，斯巴达克自造木筏渡过海峡的计划也未能实现。这时，克拉苏斯在起义军兵营后方构筑了一道工事，切断了起义军撤回意大利的后路。但是，起义军用土和树木填平了壕沟，突破了工事。但在突击中，斯巴达克的军队损失了约三分之二。不久，斯巴达克军于公元前71年春试图以突袭的方式占领意大利南部的主要港口——布林的西，乘船渡海驶向希腊，进而到色雷斯（今保加利亚、土耳其的欧洲部分）。罗马元老院竭力想尽快地将起义镇压下去，分别从西班牙和色雷斯将庞培的大军和路库鲁斯的部队调来增援克拉苏斯。为了不让罗马军队会合，斯巴达克决定对克拉苏斯的军队发起总决战。他用急行军快速将部队开向北方，迎击克拉苏斯。在阿普里亚省南部的激战中，斯巴达克军队虽在数量上比罗马军队少得多，但他们仍然英勇战斗。

斯巴达克身先士卒，骑在马上左冲右突，杀伤两名罗马军官。他决心杀死克拉苏斯，但由于大腿受了重伤，只好在地上屈着一条腿继续战斗。在罗马军队的疯狂围攻下，6万名起义者战死，斯巴达克也壮烈牺牲。约5000名斯巴达克起义军逃往北意大利，不幸在那里被庞培消灭；6000名俘虏被罗马人钉在从罗马城到加普亚一路的十字架上。但是，一些分散而没有统一领导的起义队伍在意大利许多地区仍然坚持战斗10年之久。

轰轰烈烈的斯巴达克起义失败了，然而，这次起义的意义远远超出了起义的本身，它沉重地打击了奴隶主统治阶级，加剧了罗马奴隶制的经济危机，促使罗马政权由共和制向帝制过渡。

斯巴达克起义还建立起较强大的军事组织，多次打退罗马精锐部队，在军事上有许多成功之处，如在战斗行动中力求夺取和掌握主动权；组织好步兵和骑兵的协同，力主进攻；在战区内巧妙地机动部队；行军隐蔽迅速，设置埋伏，实施突袭；善于各个歼灭敌人。这些对后来的奴隶起义战争提供了许多有益的经验。

巴尔干战争

20世纪初，巴尔干地区重重矛盾汇聚着、斗争着，1912年终于爆发了以保加利亚、塞尔维亚、希腊和门的内哥罗所组成的"巴尔干同盟"反对土耳其控制和压制的战争。由于帝国主义列强在巴尔干地区有着重大利益之争，它们干预这场战争又成为必然。对战争的干预导致欧洲列强之间矛盾进一步激化，于是也就为第一次世界大战接上了导火线。

20世纪初，腐朽的奥斯曼帝国仍控制着巴尔干国家的大片领土；塞尔维亚、保加利亚、希腊族人民在马其顿、色雷斯一带还受着土耳其人的封建压迫和宗教迫害。

1912年10月8日，门的内哥罗首先对土耳其宣战，保、塞、希也相继在17、18日向土耳其发出最后通牒，要求给予土耳其统治下的各民族以自治权，要求土军撤出巴尔干。

土耳其政府拒绝了这个要求，并开始进行军队动员。这就构成巴尔干联盟对土宣战的直接口实。18日，保加利亚、塞尔维亚和希腊也相继对土采取军事行动。

巴尔干同盟各国在兵员数量和武器质量，尤其是在炮兵质量和军队战斗训练水平上，均胜过敌军。这些国家的军队在民族解放斗争目标的鼓舞下，士气高昂。土军连连大败。10月24

日，塞尔维亚各集团军发起总攻，马其顿的土军集团被粉碎。11月28日，阿尔巴尼亚宣布独立。但盟军尔后的几次军事胜利并不符合一些大国的利益。俄国在支援巴尔干国家的同时，又担心保军进抵伊斯坦布尔不利于自己解决黑海海峡问题。德国和奥匈帝国则认为塞尔维亚和希腊是站在协约国一方的，因此不希望它们强大，却把土耳其看作是自己潜在的盟邦，因此竭力防止土耳其覆灭。在各大国的压力下，1912年12月，土耳其与保加利亚、塞尔维亚签订了停战协定。

1913年1月23日，土耳其发生政变。新政府（青年土耳其党）拒不接受和约条件。2月3日，巴尔干联盟各国重新开战。土耳其在接连遭到几次失败后，于4月签订第二次停战协定。第一次巴尔干战争以签订1913年5月《伦敦合约》而告终。根据这项条约，土耳其丧失了它在欧洲的几乎全部领土。巴尔干各国人民摆脱土耳其压迫的愿望得以实现。

1913年6月29日至8月10日，以保加利亚为一方，塞尔维亚、希腊、罗马尼亚、门的内哥罗和土耳其为另一方进行了第二次巴尔干战争。它是第一次巴尔干战争原有盟国之间矛盾激化的结果。第二次巴尔干战争的结果是巴尔干半岛的力量重新改组：罗马尼亚脱离1882年三国同盟，而与协约国靠近，保加利亚则加入德奥同盟。土耳其因失去许多领土国力大大削弱了。南斯拉夫的塞尔维亚王国像扎进奥地利身边的一根刺，几乎把领土扩大了一倍，1913年夏季，奥地利秘密地向它的盟国建议采取一些措施来抑制塞尔维亚。可是，德国和意大利拒绝采取行动。这些都成了1914年爆发第一次世界大战的重要因素。

巴尔干战争导致国际矛盾的进一步激化，加速了第一次世界大战的爆发。巴尔干各国在战后矛盾也进一步加深，为帝国主义大国继续干涉和控制巴尔干提供了可乘之机，为帝国主义世界战争埋下了导火线。巴尔干战争之后，各帝国主义国家加紧了军备竞赛，大量征集兵员，研制和生产各种新式兵器，军费大幅度增加。

在巴尔干战争中，火炮的射程和射速均有提高，机枪数量增加，飞机除进行空中侦察外，还用以实施轰炸，以及装甲车和无线电等军事技术装备大量使用，这一切促使陆军改用疏开战斗队形，为了隐蔽而利用地褶和壕沟，同时还必须保护部队免遭空袭；军队在前线数百公里地段上展开。防御强度的增加，又使机动作战更加困难。过渡到阵地战这种作战样式的趋向愈益明显。这些对以后的战争产生了重大影响。

犹太战争

犹太战争是公元1世纪发生的犹太人民反抗罗马帝国统治的两次伟大起义。战争的结果是犹太民族遭到血腥屠杀，国破家亡，被掠为奴，四处飘零，开始了一个伟大民族悲壮的全球流浪史。

犹太民族是一个聪明能干、英勇顽强、精诚团结的民族，同时也是一个充满悲剧色彩、命运多舛的民族。

巴勒斯坦东靠阿拉伯海，西濒地中海，沿岸内陆是一片肥沃平原，平原以东和沙漠之间则有许多丘陵高地，境内的约旦河从北向南流入世界上最凹陷的内陆湖死海，虽然气候比较干燥，在西亚沙漠丘陵较多的条件下却是一块适于农耕的富饶之乡，是一块"流着乳和蜜的土地"。公元前2000年代中期，有一批塞姆族人移居此地，他们的语言称为希伯来语，自称其民族为以色列，后因建立以色列和犹太两个王国故也可称其为犹太人。这三个名称都指同一民族，现今使用时也有一些约定俗成的惯例：希伯来主要用于称其语言、文学；以色列多用于与政治、历史有关方面；犹太则指其民族和宗教。

公元前1012年，大卫统一了以色列和犹太两王国，定都耶路撒冷，国势达到鼎盛。在其子所罗门统治时期（前972—前

932年），建成了耶路撒冷第一圣殿。这时的以色列虽不能凭武力称霸，却也能以外交和经济联系而成为西亚南疆颇负盛名的繁荣之邦。但好景不长，所罗门死后，国家南北分裂，以色列定都撒马利亚，犹太则仍以耶路撒冷为都。

由于埃及、赫梯已衰，亚述尚未兴起，两国对峙局面维持200年之久。由于两国争斗，国王为政暴戾，阶级分化剧烈，人民痛苦不堪，犹太教得以诞生。当亚述帝国已成气候并大军压境之时，自闹分裂的两个小国便难以生存，从此开始了犹太人苦难的历程。

公元前721年，亚述国王萨尔贡二世攻陷撒马利亚，灭了以色列，并掳走2万多人。南方的犹太国靠耶路撒冷的坚固城防虽幸免灭顶之灾，但也臣服亚述。公元前586年，新巴比伦国王尼布甲尼撒摧毁了耶路撒冷城，圣殿遭洗劫焚毁，犹太王被挖去眼睛，系上锁链，举族解送巴比伦，在那里过着囚徒生活达半个世纪，这就是著名的"巴比伦之囚"。幸运的是，新巴比伦王国国运不长，公元前539年即被波斯消灭。波斯人出于进攻埃及需拉拢人心的战略考虑，把犹太人送回巴勒斯坦，允许他们在耶路撒冷再建圣殿、恢复家园，遂使犹太人更坚定了犹太教信仰，认为上帝确实照顾他们这个饱受苦难的民族。这一历史演变对犹太教的发展具有关键意义：在苟存之际，犹太人把摆脱苦难的愿望寄托于宗教信仰；在奴役生活之中，借助上帝坚定回乡复国的信念和决心；在波斯人允许他们回归后更以此动员群众，维护民族生存。于是犹太教便成为犹太民族的护身符和汲取力量之源泉，至今犹太教的一些规仪仍然弥漫着历史的回声：如犹太婚礼最后一项必让新郎将一只酒杯猛摔于地，以纪念耶路撒冷圣殿的毁灭和犹太人的流亡；每日晨昏祈祷之前必先念《圣经》诗篇第137首，以纪念巴比伦之囚；安息日及节日祈祷前先念诗篇第136首，以纪念重返家园谢神恩惠……这体现了犹太教信仰与民族生存之间的血肉联系。

经过亚历山大王的入侵、托勒密王朝的管辖和塞硫古王朝的统治之后，犹太人所生息的巴勒斯坦地区于公元前65年又被罗马铁蹄所灭，犹太人的国家不复存在。罗马帝国设犹太省，对犹太人进行压榨和奴役。繁重的苛捐杂税和官吏的暴戾无道激起了当地人民的强烈不满。公元66年，爆发了犹太人的反抗起义。犹太人起义的主力是城市贫民、中层市民和农民，狂热党徒杰罗特和短刀党徒西卡里领导了这次起义。起义军消灭了耶路撒冷城的罗马敌军和地方贵族，并占领该城。罗马军队的几次征讨均遭到犹太起义军的顽强反抗，未获成功。公元70年4月，罗马大军围攻耶路撒冷城。破后，罗马军队对犹太人进行残酷镇压，被钉在十字架上处死的起义者不计其数，被卖为奴者达7万之众。据说整个犹太战争中起义人民死难者达110万，耶路撒冷古城横遭蹂躏，圣殿被洗劫一空，七宝烛台等圣物被运往罗马。罗马曾为纪念这次胜利建立凯旋门。但是，起义军的反抗斗争仍未中断，即使在公元73年最后一座堡垒马萨达要塞陷落之后的数十年间，犹太人的起义仍不时发生。由于罗马帝国推行高压政策，犹太人的反抗怒潮终于在131年汇成一次大规模起义。

公元131年，哈德良皇帝禁止犹太教徒举行割礼和阅读犹太律法，要在耶路撒冷城建立罗马殖民地和罗马神庙，并把犹太人赶出圣城。犹太人面对国家被灭、圣城被占的严重危险，忍无可忍，终于在"晨星之子"西门的领导下揭竿而起。起义群众达20万之众，他们占领罗马殖民地，杀死殖民者，攻城陷镇，势头迅猛。哈德良皇帝派大批军队疯狂镇压，以毁灭性的军事行动征伐3年，毁灭城市50余座、村庄近1000个，屠杀犹太人达58万。这次犹太起义的壮举为犹太民族树立了斗争不息的榜样，但也让罗马当局下决心斩草除根，不让起义重演。公元135年，耶路撒冷城被彻底破坏，遗址翻耕成田，有如昔日迦太基之毁灭。杀戮之后残存的人民多被掳掠为奴，整个巴勒斯坦田园荒芜，庐舍为墟。

于是犹太人开始了背井离乡、流浪异地的长期民族漂泊史。犹太战争彻底暴露了罗马黄金时代的阶级本质，也树立了犹太人为保家卫国、捍卫自由和独立而英勇斗争的光辉典范。犹太战争在军事学术史上具有重要意义。耶路撒冷和其他城市的防御和围攻战，为深入研究奴隶制时期夺取坚固设防城市的主要战法提供了有价值的依据。在这场镇压犹太起义的战争中，罗马军队每次围攻城市，最初都试图采取行进间强攻，如不奏效，便在轻装部队和抛射器械的掩护下展开土工作业，待筑起攻城工事和塔堡后，便用攻城槌击破城墙，打开缺口，尔后发起强攻。有时，罗马军队对要塞实行围困，待守军疲惫再进行突然攻击。

玫瑰战争

1337年至1453年间，英国和法国断续进行了长达百年的战争。在这百年战争中，英国的各封建贵族都建立有自己的武装。这种武装力量体制同外敌作战也许还管用，但对于维护内部政权来说不啻是一种祸根。在这百年战争之后，英国内部各封建贵族利用自己手中握有的武装蠢蠢欲动，企图掌握国家的最高统治权。经过一番分化组合，贵族分为两个集团，分别参加到金雀花王朝后裔的两个王室家族内部的斗争中。其中，以兰开斯特家族为一方，以红蔷薇为标志；以约克家族为另一方，以白蔷薇为标志。这两个封建集团之间为争夺王位继承权进行了长达30多年的自相残杀。由于这次战争以蔷薇为标志，所以称为"蔷薇战争"。蔷薇又名玫瑰，所以也叫"红白玫瑰战。"

1327—1377年是英国历史上金雀花王朝爱德华三世在位时期。1376年长子爱德华死后，王位几经更替，传位于亨利六世。在百年战争中，英国遭到惨败，这不仅引起农民而且也引起富裕市民和新兴中小贵族的不满，因而爆发了农民起义。起义军处死了一批罪大恶极的贪官污吏，吓坏了新兴中小贵族和富裕市民，他们寄希望于改朝换代，因而支持约克家族夺取政权。1455年，亨利六世患病，约克家族的理查公爵被宣布为摄政王。兰开斯特家族对此不能容忍，依靠西北部大封建主的支持，废除摄政，双方的长期混战从此开始。

1455年5月，亨利六世下令在莱斯特召开咨议会。约克公爵以自己赴会安全无保证为理由，率领他的内侄、骁勇善战的沃里克伯爵及数千名军队随同前往。亨利六世在王后玛格利特和执掌朝廷大权的萨姆塞特公爵的支持下，也率领一小股武装赴会。5月22日，双方在圣阿尔朋斯镇附近相遇。约克公爵于上午10时下令向抢先占据小镇的亨利六世军队发起进攻。经数次冲锋，亨利六世的军队招架不住，吃了败仗，死亡约100人，亨利六世中箭负伤，藏在一个皮匠家中，战斗结束后被搜出抓获。

1460年7月10日，双方在北安普敦发生第二次战斗。战斗中又是沃里克伯爵率军打败了兰开斯特军队，随军的亨利六世再次被抓住。这两次胜利冲昏了约克公爵的头脑，他未与亲信贵族磋商就提出了王位要求，迫使亨利六世宣布他为摄政王和王位继承人，这就意味着亨利六世的幼子失去了王位继承权。王后玛格利特闻讯大怒，她从苏格兰借到一支人马，集合了追随兰开斯特家族的军队，在约克公爵的领地骚乱。约克公爵匆忙拼凑一支几百人的队伍，前去征剿，由于轻敌冒进，被包围在威克菲尔德城。12月30日，在内外夹攻下的约克军四散逃跑，约克公爵及其次子爱德蒙被杀死，约克公爵的首级还被悬挂在约克城上示众，并扣上纸糊的王冠，用以讥讽。

但约克公爵19岁的长子爱德华于1461年2月26日进入伦敦。3月4日，他在沃里克伯爵和伦敦上层市民的支持下自立为王，称爱德华四世。他知道玛格利特决不肯罢休，遂在一些大城市召集到一支部队，向北进发，去打玛格利特。

1461年3月29日，双方在约克城附近展开决战。兰开斯特军队有2.2万余人，远远超过了约克军。当时兰开斯特军队处于逆风之中，扑面的风雪打得他们睁不开眼睛，射出的箭也发挥不出威力。而约克军队则借强劲的风力增加了发射弓箭的射程，并蜂拥冲上山坡，使兰开斯特军队损失惨重。

兰开斯特军队为扭转被动的防守局面，决定向山下的敌人发动反攻，双方一直激战到傍晚，仍然难分胜负。这时，约克军队的后续部队赶到，这支生力军向兰开斯特军队未设屏障的一侧发动进攻。兰开斯特军队抵挡不住，被迫溃退。约克军队一直追杀到深夜。玛格利特带着亨利六世和少数随从仓皇逃亡苏格兰。这次战役的胜利使爱德华四世的王位暂时得以巩固。1465年，亨利六世再次被俘，被囚禁在伦敦塔中，玛格利特只好携幼子逃往法国。

玫瑰战争中这几次大战役，都使用当时特有的战法，即双方骑士乘马或徒步进行单个分散的搏斗。通过交战，双方共损失5.5万人以上，半数贵族和几乎全部封建诸侯都死掉了。

在以后的战争过程中，约克派内部矛盾激化起来，最高统治权几度易手，集中表现在爱德华四世和沃里克伯爵的斗争上。爱德华四世趁沃里克不在伦敦之际，召集一支部队离开伦敦北行，他一面镇压北方叛乱，一面迅速扩军。沃里克在爱德华的大军面前不得不逃亡，投靠法王路易十一。不久，沃里克在路易十一支持下，卷土重来，打回英国。这回轮到爱德华四世逃亡，他逃到尼德兰，依附于他妹夫勃艮第公爵查理。

1471年3月12日，爱德华四世利用英国人对沃里克普遍反感的情绪，亲率军队与沃里克在伦敦以北的巴恩特决战。爱德华四世共有9000人的军队，而沃里克却有2万人的军队，由于力量悬殊，爱德华四世决定先发制人，清晨4时许，他率军在浓雾中发起攻击。沃里克本人被杀，其部下战死者达1000人。接着在5月4日，爱德华四世又俘获了从南部港口威第斯偷偷登陆的玛格利特王后，并将她和她的独生幼子及许多兰开斯特贵族杀死。之后又秘密处死了囚禁的亨利六世。至此，兰开斯特家族被诛杀殆尽，只有远亲里士满伯爵亨利·都铎流亡法国，他声称自己是兰开斯特家族事业的继承人。

1471—1483年，英国国内恢复了和平，爱德华四世残暴地惩治了不顺从的大贵族。1483年4月爱德华四世死后，其弟理查登上了王位，他也同样使用残酷和恐怖的手段处决不驯服的大贵族，没收其领地。他的所作所为，反而促使兰开斯特和约克家族都联合在兰开斯特家族的亨利·都铎周围来反对他。1485年8月，理查同亨利·都铎的5000人的军队激战于英格兰中部的博斯沃尔特。战争的紧要关头，理查军中的斯坦利爵士率部3000人公开倒戈，约克军遂告瓦解，理查三世战死，从而结束了约克家族的统治。出身于族徽为红玫瑰的兰开斯特家族的亨利·都铎结束了玫瑰战争，登上了英国王位，称亨利七世。为缓和政治紧张局势，他同爱德华四世的长女伊丽莎白（约克家族的继承人）结婚后，将原两大家族合为一个家族。

在这次战争中，兰开斯特家族和约克家族同归于尽，大批封建旧贵族在互相残杀中或阵亡或被处决。新兴贵族和资产阶级的力量在战争中迅速增长，并成了都铎王朝新建立的君主专制政体的支柱。从这个意义上说，玫瑰战争是英国专制政体确立之前封建无政府状态的最后一次战争。随着政治的统一，各地区的经济联系得到进一步加强，英国工业、手工业迅速发展起来。

第二次美英战争

美国在1775—1783年的独立战争获胜后，英国不甘心其失败，一直妄图卷土重来，使美国重新沦为自己的殖民地。从1783年后，英国不断从经济、军事和政治上对美国施加压力。在拿破仑战争期间，英国还在公海上任意劫持美国商船，捕捉美国水手。美国有近6000艘商船和近万名水手被英国扣押，损失惨重。而在另一方面，美国统治集团也对富饶广袤的加拿大垂涎三尺，想以武力吞并。于是，1812年6月18日，美国向英国宣战，第二次美英战争爆发。

战争初期，美国通过紧急扩军，使正规军和民兵改编的志愿兵达到6.5万人，海军拥有10艘军舰，150艘快艇和318艘私掠船。而英国正在欧洲与法国打得难分难解，无暇顾及美洲。在加拿大，只有7000名英军和1万名民兵，还拉拢了一些印第安人作为同盟者。

美国在天时地利人和上占了绝对优势。从理论上，美国打败英军夺取加拿大是轻而易举的事，但战争发展却出人意料。1812年6月至1813年初，是美国战略进攻时期。在海上，美国战舰和私掠船在大西洋上全面出击，战果辉煌，仅几个月时间，便击沉英舰3艘，俘获英舰船500艘以上。但在陆地上，美军却连吃败仗。美军的失利，除了作战计划有误外，主要原因是军事将领老朽无能。

从1813年初至1814年初，英军转守为攻，大批英国海军赶到北美，控制了制海权。

美国吸取了前一阶段的经验教训，改组了指挥机构。由阿姆斯特朗担任陆军部长，成立了总参谋部，提高了指挥效率。1813年初，美军三路反攻底特律，英军击溃了其中两路，美军损失900人。在五大湖区，9月10日，美军司令佩理率9艘军舰组成的舰队在伊利湖同英国舰队激战，迫使由6艘军舰组成的英国舰队竖起白旗。这是英国海军史上仅有的一次舰队投降事件。美军控制了伊利湖后，打开了通往安大略湖的通道，切断了英军供应线，英军被迫撤出底特律。1814—1815年1月，美军粉碎了英军的进攻，取得战争胜利。

1814年初，美军进一步改组指挥机构，大胆提拔年轻军官取代老朽无能的将领，立有战功的布朗、伊泽比、斯科特、杰克逊等人被委以要职。此外，美军加紧了对军队的训练，使部队的战术水平有了很大提高。

这期间，英国从欧洲战场脱身，大举增兵北美。一方面继续用海军严密封锁美国沿海，使美国的外贸和渔业几乎全部中断。另一方面，双方在各战场展开激战。

9月11日，美五大湖区舰队司令麦克多诺指挥14艘美舰同两倍于己的英舰队交战，击毙英舰队司令，俘英舰4艘，取得"麦克多诺大捷"（又称普拉茨堡战役），从而消除了英军从加拿大入侵的威胁。

在东海岸，英将罗斯8月19日率军4000人登陆，直奔首都华盛顿。美军集中正规军和民兵7000人迎击。但英军300人的先头部队一发起冲锋，美军便溃不成军。麦迪逊总统及政府成员仓皇出逃。英军轻而易举地占领了华盛顿，将白宫等政府建筑付之一炬。

9月12日至14日，英军又进攻巴尔的摩。美军冒着枪林弹雨奋勇抗击。这时，有一个美国律师叫弗朗西斯·斯科特·基，被关在英军营中，他目睹了麦克亨利堡垒激战的场面，特别是看到了堡垒上空硝烟中飘扬的星条旗，不禁热血沸腾，以激动的心情谱写出了传世之曲《星条旗永不落》："我们一定得胜，正义属于我方……星条旗将永远高高飘扬在这自由的国家，勇士的家乡。"这首歌曲使军民受到极大的鼓舞，他们奋勇战斗，击退了英军进攻，并击毙了英军司令罗斯。后来这首歌又传遍美国各地，并成为美国的国歌。

1815年1月，美军取得了新奥尔良大捷。当时英军出动7500人，想夺取南方重要港口新奥尔良。防守该城的是美军名将安德鲁·杰克逊。他手下只有6000人，且大部分是民兵，他决定用防御战挫败英军进攻。他精心组织防御，最后取得辉煌胜利。

英军在战场上连连失败，被迫求和。根据双方1814年12月签订的《根特合约》，英国承认美国独立，同时，美国也放弃对加拿大的领土要求。第二次美英战争以美国胜利而告终。美国胜利的原因，在于这场战争具有捍卫民族独立、反抗殖民侵略的正义性，也是美国军民英勇奋战的结果。

李舜臣血战丰臣秀吉

1592年春天，日本的丰臣秀吉借口朝鲜拒绝帮助日本攻打中国，调集近20万大军，700艘战船，悍然发动了对朝鲜的侵略战争。

日军在朝鲜登陆，仅3个月的时间，就接连攻陷了朝鲜的京都汉城及平壤、开城等重要城市，国王逃到鸭绿江边躲藏了起来，整个朝鲜如覆巢之卵，岌岌可危。

　　但不久，日军在海上就遭受了前所未有的惨败，因为他们碰到了朝鲜的爱国名将李舜臣率领的海军。李舜臣早就看出了日本想吞并朝鲜的狼子野心，他非常重视训练水师，并特别改进了传统的龟船。龟船是朝鲜人很早就发明的一种战船，船身装有硬木制成的形似龟壳的防护板，故叫龟船。李舜臣改进了龟船的结构和设备，把船身造得更大。每艘船身长十余丈，宽一丈多，甲板之上有厚木制成的顶盖，并且裹上铁板，可以掩护船上水军避免敌人火器投射，顶盖上和甲板旁，装着许多尖锐的大钉和铁钩，使敌人不敢攀登，船头上安装着一个大龙头，上穿两个大炮眼，头尾都装有金属尖杆，必要时可用来冲击敌船。船身前后左右有74个枪眼，射手可以伏在内部施放火器。船身两侧又各设10只大桨，全部划动，急驰如飞。加上船身很大，可以装载很多饮水和粮食，这使龟船更适于水面久战了。

　　5月1日，李舜臣得知玉浦港停靠着50余艘日本兵船，船上的士兵大都上岸抢劫百姓财物去了，他立即指挥90多艘龟船去偷袭日军，日军从未见过这种战船，远望还以为是一群大乌龟朝他们爬过来了呢！转眼间40余艘日船被炸毁、击沉，士兵伤亡不计其数。

　　玉浦海战的胜利，粉碎了丰臣秀吉从海路侵略朝鲜沿海地区的计划，侵略军、后勤物资的运送也处于瘫痪状态，陆军的进攻也因此受到阻滞。20多天后（5月29日），李舜臣又打响了第二次大海战。

当时，10多艘日船停泊在泗川岸边，日军自以为有险可据，想等朝鲜船只靠近了再打。李舜臣看穿了敌人诡计，故意引船后退。日军以为他临阵脱逃，就驾船追击，不料，刚离岸不久，李舜臣就让龟船掉头向日军猛攻，获得大胜。

接着，在唐浦，李舜臣又率领龟船攻击日军阵地。他先用"擒贼先擒王"的战术，俘获日船21艘，后又巧妙地运用引蛇出洞的策略，用3艘龟船伪装侦察地形，引诱敌人，主力船只则预先埋伏在山脚下。日船果然倾巢出击。进入伏击圈，便遭到朝鲜海军的前后夹攻，26艘日船全被焚毁。7月的一天，在闲山岛地区，李舜臣又同日军展开大战，最后一举歼灭日军水师主力，控制了海域，李舜臣也因屡战告捷，功勋卓著，被晋升为三道水军统制使。就在这时，中国明朝政府应朝鲜政府要求，派出援军与朝鲜军队并肩作战，两军很快收复平壤、开城，把日军赶出朝鲜北部。丰臣秀吉被迫与朝鲜进行和平谈判，可惜在日本间谍的破坏和奸臣的诬陷下，李舜臣竟在1597年2月被免职治罪。丰臣秀吉见自己的眼中钉被拔去，立即中止谈判，派出15万大军再犯朝鲜。

当时，指挥朝鲜海军的是一个昏庸无能的军官，他根本不是日军的对手，交战不久，朝鲜军节节败退，海军几乎全被击溃，大片国土又重新沦入敌手，朝鲜政府见情势万分危急，只得重新起用李舜臣，并请求中国再次出兵援助。

李舜臣临危受命，重整水师。他团结抗日将士，惩办怕死官员，又吸收忠勇的农民参加水师，在不到一个月的时间内，在残余的 12 只战船和一百多名水兵的基础上，又重新组建了一支骁勇善战的强大水师。

他率领这支水师利用天时地利，巧布铁索阵，在鸣梁海峡诱敌深入，以 12 艘龟船击沉 30 多艘日船，击毙击伤日军共 4 千多人，致使丰臣秀吉的如意算盘又落空了。1597 年冬，朝中联军在李舜臣和中国老将邓子龙的率领下同日军主力在露梁海打了一场空前激烈的海战。

交锋开始在深夜，当 500 余艘日船抵达露梁海时，朝中战船同时发出猛烈的炮火，海面上烈火冲天。到第二天中午时，朝中水师共击沉、击毁敌船 450 艘，歼灭日军 1 万多人。至此，持续了 6 年之久的朝鲜卫国战争终以辉煌的胜利结束了。这场战争开始于 1592 年，按农历属壬辰年，所以朝鲜历史上把它称作"壬辰——卫国战争"。

在这场战争中，李舜臣和邓子龙都壮烈牺牲了。但他们的作战实践，为在海上进行反侵略战争提供了宝贵的经验。

太平军湖口大捷

1853 年，太平军在北伐的同时，又派兵西征。西征的战略目的在于确保天京，夺取安庆、九江、武昌这三大军事据点，控制长江中游，发展在南中国的势力。从 1853 年 6 月到 1855 年

1月，西征军连续作战一年半，取得重大胜利。但后来遇到湘军的顽抗，湖北和江西战场形势对太平军极为不利。

在这种形势下，石达开于1855年1月率军开赴西征战场，在江西湖口与湘军激战，勇挫湘军，取得胜利，从而扭转了西征战局。

1853年6月，胡以晃、赖汉英、曾天养等率太平军2万余人溯江西上，开始西征。西征军进展极为顺利，6月10日占领长江北岸重镇安庆，胡以晃随即坐镇于此，指挥西征战事。赖汉英率检点曾天养、指挥林启容以下万余人进军江西，6月24日进逼南昌城下，对该城实施围攻。由于清军防守严密，围攻没有成功。9月24日，太平等撤南昌围，9月29日攻克九江，林启容率部分兵力驻守。以后，西征军分为两支，一支由胡以晃、曾天养率领，以安庆为基地，经略皖北，于1854年攻克皖北重镇庐州（今合肥）。安徽广大地区的攻取，为太平天国提供了主要的人力物力资源，具有重大战略意义。

另一支由韦俊、石祥桢率领，自九江沿江西上，1853年10月克汉口、汉阳，不久，因兵力不足退守黄州。曾天养率部来援，在黄州大败清军，西征军三克汉口、汉阳，并于1854年6月再克武昌。进入湖南的太平军于4月再占岳州，大败湘军。但在湘潭一战中，太平军伤亡很大。7月，湘军攻陷岳州。

8月，曾天养在城陵矶战斗中牺牲。10月，湘军和湖北清军反扑武汉，武昌、汉阳相继失守。1855年1月，湘军进逼九江。形势对太平军非常不利。为挫败湘军的进攻，主持西征军务的翼王石达开由安庆进驻湖口，坐镇指挥。

石达开到达湖口后，鉴于湘军气势正盛，水师更占优势，便决定扼守要点，伺机退敌。具体部署是：石达开坐镇湖口，林启容仍率部守九江，罗大纲率部守梅家洲。

湘军则首先集中力量攻九江。到1月9日，围攻九江的清军总兵力达1.5万人。从1月14日，塔齐布、胡林翼率部进攻九江西门开始，到1月18日全面进攻，湘军死伤甚众，始终未能攻入城内。于是，曾国藩改变方针，留塔齐布继续围攻九江，派胡林翼、罗泽南等率部进驻梅家洲南4公里之盔山（今灰山），企图先取梅家洲，占领九江外围要点。1月23日，湘军向梅家洲发起进攻，太平军凭借坚固工事，奋勇抗击，毙敌数百人，击退了湘军的进攻。

湘军进攻九江和梅家洲均未得逞，曾国藩决定改攻湖口，企图凭借优势水师，先击破鄱阳湖内太平军水营，切断外援，然后再攻九江。

1855年1月3日，当湘军陆师尚未南渡时，李孟群、彭玉麟所率湘军水师即已进抵湖口，分泊鄱阳湖口内外江面。罗大纲鉴于湘军水师占优势，难以力胜，决定采用疲敌战法。1月8日夜，用满载柴草、火药、油脂的小船百余艘顺流纵火下放，炮船紧随其后，对湘军水师实施火攻。由于湘军预有准备，未能取得多大战果。此后，太平军常以类似战法袭扰和疲惫敌人。太平军还在鄱阳湖口江面设置木排数座，四周环以木城，中立望楼。木排上安设炮位，与两岸守军互为犄角，严密封锁湖口，多次击退湘军水师的进犯。1月23日，湘军水师乘陆师进攻梅家洲之机，击坏太平军设于鄱阳湖口的木排。石达开、罗大纲将计就计，令部下用大船载以砂石，凿沉水中，堵塞航道，仅在靠西岸处留一隘口，拦以篾缆。1月29日，湘军水师营官萧捷三等企图肃清鄱阳湖内太平军战船，贸然率舢板等轻舟120余只，载兵2000，冲入湖内，直至大姑塘以上，待其回驶湖口时，太平军已用船只搭起浮桥二道，联结垒卡，阻断出路。湘军水师遂被分割为二：百余轻捷小船陷于鄱阳湖内；运转不灵的笨重船只则阻于江中，湘军水师大小船协同作战的优势尽失。太平军乘此有利时机，即于当晚以小船数十只，围攻泊于长江内的湘军大船，并派一支小划船队，插入湘军水师大营，焚烧敌船。岸上数千太平军也施放火箭喷筒，配合进攻。湘军大船因无小船护卫，难以抵御，结果被毁数十只，其余败退九江附近江面。

在湖口大捷的同一天，江北秦日纲、韦俊、陈玉成所部太平军自安徽宿松西进，击败清军参将刘富成部，占领黄梅。

2月2日，罗大纲派部进占九江对岸之小池口。曾国藩命令胡林翼、罗泽南二部由湖口回攻九江，驻于南岸官牌夹。为了给湘军水师以进一步的打击，罗大纲乘势于2月11日率大队渡江前往小池口。半夜三更，林启容自九江、罗大纲自小池口以轻舟百余只，再次袭击泊于江中的湘军水师，用火药喷筒集中施放，焚毁大量敌船，并缴获曾国藩的坐船。曾国藩事先乘小船逃走，后入罗泽南陆营，愤愧万分，准备自杀，被罗泽南等劝止。此后，曾国藩败退至南昌。

太平军湖口大捷，粉碎了曾国藩夺取九江、直捣金陵的企图，扭转了西征战场上的被动态势，成为西征作战的又一个转折点。西征军自湘潭战败后，弃岳州，失武汉，节节退却，一直退到九江、湖口，形势十分不利。但另一方面，由于湘军的进攻，迫使太平军缩短战线，集中起兵力，消除了前段时间战线过长，兵力分散的弱点。加上石达开亲临前线，加强了领导，为反败为胜准备了必要的前提。湘军方面虽然节节胜利，却预伏着失败的因素：由于掳获甚多，斗志渐弱；由于屡获胜仗，骄傲轻敌；由于长驱直进，离后方供应基地越来越远，运输补给日益困难。正是在这种情况下，石达开等坚守要点以疲惫敌人，并利用有利地形，抓住有利时机，机智果断地分割湘军水师，进而立即主动出击，取得了重创湘军水师的重大胜利，使整个西征战场上的形势为之一变。

顺昌之战

顺昌之战，是南宋初抗金重要战役之一，由著名抗金将领刘锜指挥的这一战斗是历史上一次著名的以少胜多的城邑防御战争。整个战争分为两个阶段，第一阶段从1140年5月25日至6月1日，历时6天，经过3次战斗，击溃金军的前锋部队；第二阶段从6月7日至6月12日，历时6天，刘锜率全城军民与金兀术亲自率领的金军主力决战，取得了顺昌保卫战的最后胜利。

1127年，金朝统治者灭亡北宋后，不断发兵向江南侵扰，宋统治者一味逃跑，不敢抵抗，但黄河两岸的广大爱国军民在抗战派将领的率领下以各种形式给金军以沉重的打击。南宋抗金战争到建炎四年（1130年）时，双方力量对比发生了有利于南宋的变化，金军的精锐部队接连受挫，战斗力大大削弱。绍兴五年（1135年），金军与伪齐联合攻宋遭到失败，更加暴露了金军的虚弱情况。但尽管如此，宋高宗仍一心一意与奸臣秦桧合谋，不断派使臣向金求和。金国统治者为达到不战而使南宋屈服的目的，同时，给金军一个休整的机会，绍兴九年正月，与南宋签订了一个和约。根据这一和约，宋方须割地、赔款，对金称臣。当南宋统治者庆贺和约成立、大肆封官晋爵之时，金军在不到一年的时间内做好了战争准备，遂撕毁约，于绍兴十年（1140年）五月兵分四路，再次发动南侵战争，战线从东部的淮水下游一直延伸到西部的陕西。南宋统治者对金军进攻毫无戒备，河南、陕西的地方官大都是原先的伪齐官吏，这时纷纷降金，因此金军进攻初期气势汹汹。但不久即遭到岳飞、刘锜、韩世忠、吴璘等南宋军民的顽强抵抗，从而遏止了金军的进攻气势。其中以刘锜指挥的顺昌保卫战最为突出。

1140年5月中旬，新任东京副留守兼节制军马的刘锜，率领军队前往东京驻防。刚由水路抵顺昌（今安徽阜阳）时，就传来了金军攻陷东京开封的消息。3天之后，攻陷东京的金军继续向南侵扰，距东京不远的陈州（今河南淮阳）也被攻占。离陈州仅150公里的顺昌成了宋金对峙的前沿阵地。

顺昌北濒颍水，南有淮河，东接濠州（今安徽凤阳）、寿州（今安徽寿县），西接蔡州、陈州，是屏障淮河的要口，通汴梁的交通要道。在大敌压境之际，刘锜沉着果断，亲自视察城内外的防御工事和地形，凿沉船只，加高加厚城墙，构筑防御工事。号召大家同心协力，保卫顺昌城。他将自己全家老少搬到一座庙里，在门口堆满干柴，嘱咐守卫的士兵，万一城被金军攻破，即放火焚烧他的全家，以此激励士兵和百姓，誓死保卫顺昌城。根据地形和兵力，以后军统制许清守御东门，中军统制守御西门，右军统制焦文通，游奕军统制钟彦守御南门，左军统制杜杞守卫北门。派出侦探，并依靠当地人做向导，不断侦察金军行动方向。经过一个星期的努力，初步完成了顺昌城的防御准备。5月25日，金军游骑数千渡过颍河，进迫顺昌城郊。

宋军伏兵活捉金军银牌千户阿赫杀阿鲁等二人。刘锜从俘虏口供中了解到金军韩、翟二头领带领部分兵力在距城15公里的白沙涡一带安营扎寨，便乘其初至，毫无作战准备，派兵千余乘夜前往劫营，一直激战到次日凌晨，宋军首战告捷。

29日，3万余金军四面包围了顺昌城，进行强攻，企图一举而下。刘锜领兵从西门迎战。金军逼向城墙，一边抢夺吊桥，一边以强弓硬弩向城上的宋军射击。宋军以劲弓强弩还击，矢如雨下，金军死伤甚众，被迫后撤。刘锜抓紧战机，乘势以步兵出击，金军溃乱，仓皇渡水逃命，溺死甚众。时近黄昏，仍有数千金军的铁骑在河外逗留，刘锜派兵连续向其发起进攻，大获全胜，缴获甚多。顺昌被围第4天，金军从陈州等地向顺昌增调兵力，一部分金军扎营于距顺昌10公里的东村。顺昌处于金军的铁壁合围之中。金军把主要注意力放在攻占顺昌城上，却忽略了对营寨的防守。宋军利用雷雨天气，派骁将阎充选拔五百壮士，乘黑夜突入敌营，等电光一闪，宋军便一跃而起，奋勇进杀；电光过后，宋军全都潜伏不动。金军不知宋军底细，满营大乱，宋军则按战前约定的暗号，时分时聚。金军惶恐之中，自相残杀，等到天明，金军已无力还击，只得退去。这三次战斗，宋军智勇结合，使围攻顺昌的金军元气大伤，取得了顺昌保卫战的初步胜利。兀术在开封得知金军进攻顺昌失败的消息后，率兵十余万昼夜兼程，用不到7天的时间从开封直趋顺昌。兀术所部是金军中的精锐部队，攻城略地，凶悍无比。其专攻城池的士兵号称顺昌之战"铁浮屠"（铁塔兵），士兵都穿甲戴盔，配备最精良的武器。其作战方法是每3人分为一个战斗单位，后面紧跟着拒马子，士兵每前进一步，就将拒马子往前移一步，以示一往无前，决不后退。又在左右两翼以铁骑相配合，号称"拐子马"。宋金交战以来，凡难攻之城，都使用这一队伍去攻打，屡次取得胜利。

当初战取胜之后，宋军中有人提出乘兀术未到撤离顺昌，保存实力。刘锜认为兀术援兵将至，如果南撤，不仅前功尽弃，而且一旦被敌追及，必遭覆灭。更为严重的是，金军将长驱直入，侵扰两淮，震动江南，造成严重后果。为今之计，只有"背城一战，于死中求生"。众将同意这一方案，虽然处于劣势，但愿奋力一战，保住顺昌。6月6日，刘锜派人将顺昌城东门、北门外停泊的船只全部凿沉，下定决心背水一战。

6月7日，金兀术领兵扎寨于顺昌城外的颍水北岸，连营10余公里。兀术看到顺昌城垣简陋，竟狂妄地说：顺昌城可以用靴尖踢倒。并当即下令，9日在顺昌城内府衙中吃早饭，城破之后，女子玉帛悉听诸将掳掠，男子一律杀死。金兀术的气焰十分嚣张，根本不把刘锜等放在眼里。刘锜一方面加紧备战，另方面为了进一步麻痹兀术，派曹成等二人为间谍，随探骑行动，故意让金军俘虏。曹成等二人向金军散布刘锜喜好声色、贪图安乐、无所作为等假情报。兀术听后信以为真，下令留下攻城车、炮具，轻装急进。

6月9日，金兀术指挥金军向顺昌城发起总攻。这天天明，金兀术率金兵渡过颍河，沿城列成阵势，从东门到南门，从南门到西门，把四门连成一片，并呐喊不停，企图在精神上吓倒顺昌城内的军民。城内宋军丝毫不为所动，一心一意迎战金军。当时，诸将都认为金军中韩常部较弱，宜先打击该部。刘锜认为击败韩部，仍不能阻挡兀术精兵的进攻，不如先打败兀术军，则整个金军将无能为力。这时正值天气炎热，金军远道而来，没有休息即投入战斗，人困马乏，只好休兵立营，准备再攻。宋军则轮番休息于羊马垣下以逸待劳，主动出击，突入兀术营垒，打败其装备最好的3000牙兵。金军以铁骑拐子马从左右两翼企图包围宋军，由于宋军奋勇作战，金军企图未能得逞。盛夏酷暑，金军给养不足，人马饥渴，大量饮食被宋军施放了毒药的水草，中毒病倒者甚众。刘锜又乘烈日当空的中午，时而派遣数百人于西门扰敌，时而又从南门袭击，大败金军。

10日，风云突变，大雨倾盆，天气于金军不利，金军又屡攻不下，士卒死亡病疾又多，不得不改变方案，企图长期围困顺昌，于是移营城西，掘壕列陈，与宋军相峙。为了推垮金军，刘锜派100多名骑兵，或乘雨大作，或乘大雨停歇，不间断地袭扰金军，重创金军于城外。

11日，金军中又打响战鼓，刘锜不动声色，密切注视金军动向，并抚恤阵亡之宋军将士家属，再厉士气。金军久攻不下，士气低落，兀术开始引兵退走。刘锜乘此时机，全军出动，尾随追击，大败金军。12日，金兀术被迫率全部金军撤走顺昌回开封，顺昌保卫战取得了彻底胜利。

刘锜所部不满2万，其主力是原来王彦率领的著名的"八字军"。但能出战者只有5000。刘锜率领将士同心协力，坚决抵抗，采取了正确的战略策略，这就是先发制人，挫敌锐气；麻痹敌军，制造战机；以逸待劳，乘其不备。加之城内居民的广泛支持，终于以少胜多，以劣胜强，大灭了金军的嚣张气焰，挡住了金军自两淮南侵的锋芒。

顺昌大捷沉重打击了金军主力部队，因而对宋军抗金的战局产生了重大影响，它策应了宋军在东、西两翼及西京地区的作战，从而全线抑制了金军的攻势，为南宋军民大举反攻金军创造了良好的条件。当顺昌之战激烈进行时，进攻陕西、京西、淮东的金军也分别为宋将吴璘、岳飞、韩世忠所败，金军再次发起的全面进攻又以失败而告终。刘锜因此战功，被宋高宗授予武泰军节度使、侍卫马军都虞候、知顺昌府、沿淮制置使等职。

法国革命战争

18世纪末的法国大革命是世界历史上一次彻底的资产阶级革命。这场革命从根本上动摇了欧洲封建专制制度的基础，有力地推动了人类历史发展和文明进步。而1789年至1794年由法国资产阶级领导的，为推翻封建统治和反对外来干涉所进行的革命战争，则是法国大革命的重要组成部分，它为法兰西共和国的诞生鸣响了礼炮。

18世纪下半叶，法国封建专制制度极端腐朽，遭到了人民的强烈反抗。1789年7月14日，巴黎人民举行武装起义，攻克了象征封建专制统治的巴士底狱，代表大资产阶级和自由派贵族利益的君主立宪派上台。法国大革命爆发后，欧洲各国君主们视其为洪水猛兽，为置之于死地，结成了反法同盟，宣布支持法国路易十六的君主政体。1792年4月法国向奥、普宣战。

战争开始后，法国人民热情很高，但在新招募的军队组建之前，作战的主力仍是原法军。由于法军战备水平低，机动能力差，指挥欠协调等原因，4月28日法军北方军团刚越过法比边界与敌军遭遇，就惊慌失措，溃不成军。前线的失败激起了法国人民对国王和君主立宪派的强烈不满。

8月，普鲁士的不伦瑞克公爵率领14万普奥联军向法国东北部边境逼近。8月10日，爱国热情高涨的巴黎人民再次举行武装起义，推翻了国王和君主立宪派政体，随后成立法兰西共和国。这时，普奥联军越过法国边境，先后占领了隆维要塞和凡尔登要塞，并迅速向巴黎推进。法国军民英勇抗击，在瓦尔米西南展开了大规模炮战。

9月30日，联军开始撤退，法军展开全线出击，将联军赶出了国境，随后攻占了比利时的冉马普、蒙斯和列日等地，把普奥联军赶过了莱茵河。瓦尔米会战是革命的法国反击欧洲反法联盟的第一次胜利，它对挽救法国革命具有重大历史意义。

1793年1月21日，革命的法国人民把路易十六送上了断头台。这一消息传出，使欧洲各国君主如做了一场噩梦，纷纷参加普奥联盟，结成了第一次反法联盟。3月，反法联盟军再次入侵法国。共和国四面都受到外敌的威胁，同时，国内王党叛乱四起。在这关键时刻，又发生了法军将领迪穆里耶叛变事件，使共和国处境更加恶化。3月底，奥军占领布鲁塞尔，法军又全部退出比利时和莱茵河左岸。迪穆里耶暗中与奥军勾结，最后叛国投敌。法军几个月的战果，转眼丧失殆尽。

前线不断传来失败的消息，使法国国内叛乱愈演愈烈，投机商哄抬物价，人民群众生活日益恶化。6月2日，愤怒的巴黎人民举行了第三次武装起义，推翻了吉伦特派的统治，由雅各宾派执政，使法国大革命沿着上升的路线到达了顶峰。雅各宾派上台后，面对更加恶劣的国内外形势，采取了一系列革命措施，在军事上，实行全民皆兵，用新技术武装军队，从下层官兵中选拔高级将领，改进战略战术等。共和国很快就动员了120万人，编成14个军。共和军首先向国内叛军发起进攻，西北部叛军被迅速镇压了下去。不久，共和军又攻占了叛乱中心里昂，迫使叛军投降。在南方，共和军两次打败叛军，并乘胜进攻马赛。

12月19日，共和军收复土伦，在这次战斗中年轻军官拿破仑·波拿巴特表现出色，被破格晋升为准将。在对外战争中，共和军也取得了重大胜利。9月6日，乌夏尔将军率领4.2万人在翁斯科特击败了英国汉诺威军队1.3万人，取得了雅各宾派执政以来的首次胜利。法军虽训练不足，协同很差，但凭借着高昂的热情和顽强的斗志打败了反法联军。

可是，乌夏尔未能及时扩大战果，在随后的梅嫩之战中战败。1794年，双方都制定了新的进攻计划。联军企图向索姆河方向进攻，威胁巴黎；共和军则计划乘胜追击，再度征服比利时。5、6月间双方进行了一系列交战。6月26日，法军与奥军在弗勒吕斯进行了具有决定意义的会战，法军击退了奥军。此战后，法军完全掌握了战场主动。法军乘胜追击，大踏步前进。

正当革命军队乘胜前进之时，法国国内发生"热月政变"，雅各宾政权被推翻，政权落入大资产阶级手中，法国革命高潮结束。1795年，法国先后与反法联盟中的一些国家签订了合约。10月26日，法国督政府成立后，法军只需对付奥地利、撒丁和英国了。

法国革命战争是革命的法兰西反对外国武装干涉，镇压王党叛乱的革命战争。18世纪末，整个欧洲还是封建势力占主导地位，封建势力盘根错节，非常顽固，法国革命所面对的敌人十分强大，既有欧洲的反法联盟，又有国内王党和教会势力，斗争异常激烈复杂。但法国大革命以深刻的政治经济变革，激发了广大民众的革命热情，并在战争中转化为强大的精神和物质力量，以摧枯拉朽之势推翻了封建统治。首先，法国革命战争是一场正义的战争，得到了人民的热烈拥护和支持。其次，法国资产阶级革命政府改革了军事制度，以普遍义务兵役制代替了雇佣兵制。建立了欧洲近代史上最庞大的军队之一，对取得战争的胜利产生了不可估量的作用。这一做法不但对世界各国兵役制度的变革产生了极其深远的影响，也为实行新的战略战术奠定了可靠的基础。

共和军实行积极进攻的战略原则，进攻的主要目标不是领土、城市和要塞，而是敌人的军队。共和军在战术上也有了新的发展，放弃了机械死板的线式战斗队形，开始采用纵队和散开队形，增强了突击力，调动了各级指挥官的主动性，取得了重大战果。

伊兹梅尔之战

1768—1774年的第一次俄土战争结束后，土耳其被迫与俄国签订了《库楚克·凯纳吉条约》，俄国从土耳其手中夺取了黑海以北大片领土，从此获得了通往黑海的重要出海口。1787年，在瑞典的支持下，土耳其要求俄国归还克里米亚，承认格鲁吉亚为土耳其属地。俄国拒绝了土耳其的要求，土耳其遂出动军队对俄重新开战。战争爆发后，俄国与奥地利结盟，先后在金布恩、奥恰可夫、福克尼沙和雷姆尼重创土耳其军队，直逼土耳其在多瑙河的最后一个堡垒伊兹梅尔要塞。

伊兹梅尔要塞位于多瑙河右岸，控制着多瑙河下游，战略地位极为重要。该要塞壁垒森严，城墙壁立，壕沟环绕，大有一夫当关，万夫莫开之势。驻守伊兹梅尔要塞的土军共有35 000人，装备有300门火炮。俄军攻城兵力为31 000名步骑兵，600门火炮和200余艘多瑙河区舰队的小型舰艇。

1790年10月，俄军向伊兹梅尔发起进攻，土军凭借多瑙河天然屏障和坚固的城堡顽强抵抗。战至11月，俄军数次进攻均告失利，转而围困该城，但城内土军弹药和粮秣充足，俄军围困多日仍一无所获。11 月 30 日，亚历山大瓦西里耶维奇·苏沃洛夫中将奉命赶到了伊兹梅尔前线，出任俄军攻击部队总指挥。

当时，俄军攻击部队大部分是骑兵，并不适合攻城作战。土耳其军队不仅数量上占优势，而且有坚固的城堡，对俄军来说，要。打下这个堡垒是很艰难的。尽管这样，苏沃洛夫并不却步，仍然充满信心去迎接这场生死未卜的战斗。到任伊始，他立即着手组织俄军进行突击训练。他仿照伊兹梅尔堡的样子在城堡附近的布斯罗克镇建造了一个土围，每天夜里让士兵一批接一批练习攻城动作，并下令从速制造填塞壕沟的用具以及攀登城墙用的梯子，白天则亲自带领士兵练习血刃战。同时，为了迷惑土耳其军队，俄军表面上仍在进行长期围困准备。

苏沃洛夫将指挥部设在城堡附近的特鲁巴耶夫高地，在这里完成了与攻城有关的各项准备工作，他对作战中可能出现的各种情况都一一做了周密细致的安排，并为官兵制定了专门手册，其内容包括攻城作战及城内作战规则。

苏沃洛夫的作战计划是：地面部队编成 3 个集团，从东、西、南三个方向同时发起猛攻。主攻方向指向防御较薄弱的南面，苏沃洛夫在该方向上集中了三分之，二的兵力和四分之三的火炮。

经过 8 天的准备，一切就绪，苏沃洛夫召开了一次战前军事动员大会，官兵士气大振。

1790 年 12 月 22 日凌晨 3 时，俄军在夜幕和浓雾掩护下秘密接近伊兹梅尔城墙。5 时 30 分，特鲁巴耶夫高地上空升起三枚绿色的信号，俄军在地面火炮和多瑙河区舰队的舰炮支援下，兵分三路同时对伊兹梅尔发起了总攻。俄军冒着土耳其守军的猛烈炮火，冲过壕沟，架起云梯，迅速爬上城头，双方进行了凶猛的白刃战。土军拼死抵抗，寸土不让。激战到早上8时，伊兹梅尔的外城墙终于被俄军攻破，土耳其人退却到城内，负隅顽抗，经过8小时激烈的巷战，到下午4点，俄军终于彻底攻克了伊兹梅尔。

此役，俄军以4000人战死、6000人受伤的代价，击毙土耳其守军26 000人（其中包括城防司令迈哈迈德将军），俘虏9000人（其中包括伤兵），缴获了30艘战船，245门火炮和大量装备。只有1名土耳其士兵逃出了城堡，游过了多瑙河，将伊兹梅尔失陷的消息带给了土耳其苏丹，但却被恼羞成怒的苏丹下令斩了首。

伊兹梅尔这座固若金汤的城堡被攻克，特别是俄军仅用一天就拿下了它，这在欧洲引起了强烈的震惊，并基本上决定了俄土战争的结局。苏沃洛夫也因此战一举成名，成为俄罗斯一代名将。

法兰西会战

1939年9月1日破晓，德国兵分三路向波兰发动了闪电式的进攻，第二次世界大战正式爆发，不到30天德军便攻陷了华沙，波兰沦亡。征服波兰后，希特勒即敦促其高级将领们着手实施进攻法国的准备。

德国陆军A集团军群参谋长曼施泰因提出了他的战略构想：德军进攻的主要矛头应放在中央，而不是在右翼。以强大的装甲部队，对具有战略决定性的突破口——阿登森林地带，实施主要突击。这是攻其不备、出奇制胜攻入法国的一条捷径，可切断南北盟军之间的联系，分割合围英法联军，迅速灭亡法国。

1940年2月22日，希特勒下达了与"曼施泰因计划"大致相同的作战命令。德军参谋部将这次进攻行动，取代号为"挥镰行动"。

为实施"挥镰行动"，德军统帅部进行了周密的部署。投入西线作战的总兵力为136个师。

1940年5月10日，天刚破晓，成群的德军施图卡轰炸机突然对法国、荷兰、比利时和卢森堡的机场、铁路枢纽、重兵集结地区和城市进行猛烈的轰炸。5时30分，在北海到马其诺防线之间的300多公里的战线上，德军地面部队向荷兰、比利时和卢森堡发起了大规模进攻，揭开了入侵法国的序幕。

担任助攻和吸引英法军队主力的德军B集团军群，首先以空降部队对荷兰和比利时境内的重要桥梁及要塞设施实施了袭击。这突如其来的打击立即造成了荷、比军队的慌乱，紧接着，B集团军群的装甲部队趁乱发起了猛攻。

　　德军B集团军群对荷兰和比利时边境的突破，致使集结在法国北部的英法主力立即越过法比边境火速增援。这使希特勒异常兴奋。

　　而B集团军群、C集团军群也摆开架势。他们正在对马其诺防线进行的佯攻表演得非常成功，使得法国从南部撤回部队时犹豫不决。

　　5月10日凌晨，德军担任中路主攻的伦斯德A集团军群向卢森堡和比利时的阿登山区实施主要突击。仅30万人口的小国卢森堡当天不战而降。给伦斯德上将打头阵的是克莱斯特将军指挥的装甲兵团，该兵团下辖古德里安的第19装甲军、霍特的15装甲军和莱因哈特的第41装甲军。其中以古德里安的第19装甲军战斗力最强，它作为克莱斯特装甲兵团的主力和先锋部队编有3个装甲师，而第15和第41装甲军仅各辖两个装甲师。

　　古德里安的第19装甲军轻易突破比军的松散抵抗，只用了两天时间便穿越阿登山脉110公里长的峡谷深入法境。5月12日下午，古德里安的3个装甲师已经到达马斯河北岸，并攻下了法国著名要塞城市——色当。当天夜里他们便开始了紧张的渡河准备。德国人强渡马斯河是法国之战的关键。

　　5月13日上午11时，德军出动近400架轰炸机分批次对马斯河南岸的法军阵地和炮兵群进行了长达5个小时的狂轰滥炸，下午4时，古德里安指挥部队开始强渡马斯河。

　　马斯河防线一失，通往巴黎和英吉利海峡的道路敞开了，在比利时境内作战的英法部队面临被包抄的危险，陈兵马奇诺防线的法国大军也将腹背受敌，英法这才感到形势严重。英国迅速增派10个战斗机中队与驻法英空军和法国空军一起实施反击。14日下午，马斯河上空爆发了开战以来最激烈的空战，英军"布雷汉姆"轰炸机和法军最新式的"布雷盖"轰炸机在战斗机的掩护下，直扑马斯河而来，德军约5个联队的战斗机升空拦截，双方投入的飞机各有500余架。大混战一直持续到夜幕降临，损失惨重的英法飞机悻悻败走，德军渡河浮桥大都完好无损。此战德军击落英法飞机数百架，其中仅德第二高炮团就包办了112架。这一天被德国人称为"战斗机日"。在这以后，英法空军只敢在夜间升空活动，战区制空权被德国人牢牢控制住了。

德军装甲部队长驱直入，其威力与速度是战争史上闻所未闻的。法国陷入惊慌失措之中。

古德里安的第19装甲军的推进速度不但令联军措手不及，而且也令德军统帅部不安，克莱斯特曾两度下令古德里安暂停前进，但他不惜以辞职抗争。禁令解除后，他的速度比以前还快，以至于在路上遇到一股股溃散的法军士兵，都不愿耽搁时间下车去俘虏，仅用扩音器喊："我们没有时间俘虏你们，你们要放下武器，离开道路，免得挡路。"5月16日，古德里安督促手下的3个装甲师向西转进，目标是直抵英吉利海峡东岸的敦刻尔克地区。5月20日，古德里安扫过亚眠，在阿贝维尔附近抵达英吉利海峡。这时的德军统帅部也没有料想到，在法国境内的战斗会进行得如此顺利，因此，一时不知怎样部署兵力才好。

古德里安一接到命令，便立即决定：第10坦克师向敦刻尔克前进；第1坦克师向加来前进；第2坦克师向布洛涅前进。古德里安深知，他所在的A集团军群构成的从色当到法国西海岸的进攻线，已经切断了法军从北部南逃的退路。而北面包克的B集团军群已攻占了荷兰及比利时东部，70万余英法联军主力的左翼实际上已处在德军的深远包围之中。眼下对方得以逃脱的唯一希望就在包括敦刻尔克在内的法国北部的几个海港了。因此，他一定要迅速占领这几个海港，以彻底切断对方的海上退路。

5月23日上午至24日，古德里安的安装甲部队先后占领了布洛涅和加来。24日下午，古德里安的第19装甲军已到达格拉夫林，离敦刻尔克还有10英里了，而在其右翼的莱因哈特的第41装甲军，也已到达艾尔·圣奥梅尔·格拉夫林运河一线。两支装甲劲旅只需再努把力，就可直取敦刻尔克，而后继的几十个步兵师也正源源不断地跟进。古德里安等人踌躇满志，决心率领他们的装甲部队再打一个围歼战，将英法军队的数十万人马彻底消灭在滨海地区。

然而就在这时，第19装甲军和第41装甲军同时接到了装甲兵团司令克莱斯特发来的命令，要他们停止前进，并称"敦刻尔克之敌将全部留给戈林元帅的空军去解决"。古德里安接到命令后，立即向克莱斯特提出了质问和抗议，但得到的最后答复是："这是元首亲自下达的命令，必须执行。"于是，古德里安和莱因哈特只得遵命停在运河一线按兵不动，而眼睁睁地看着英法比联军从敦刻尔克上船逃走。联军利用这一转瞬即逝的喘息机会，从敦刻尔克先后撤出32.4万人，其中法军8.5万人，成为日后反攻欧洲大陆的主力。对于希特勒这一让人费解的命令，至今仍然众说纷纭，成了一个难解之谜。一种说法认为，是希特勒故意放英国人一马。因为希特勒经常声称：不列颠人是仅次于日耳曼民族的优秀人种，德国无意消灭他们。他放走英国人，是想给英国人一情面，为日后和谈留一条退路。另一种说法是希特勒对自己的装甲部队异常迅速地挺进感到不安，怕他心爱的装甲部队陷入敌军南北合围中。但不管怎么说，希特勒在此是犯了一个致命的错误，它影响到日后对英国的入侵，并且使英国人以后在非洲和意大利能继续作战。

德军在比利时和法国北部实施的毁灭性突击，使比利时全军覆没，法军30个师，英军9个师也不复存在。法军新任司令魏刚拼凑了49个师加上英国的两个师，编成了3个集团军（第6、第7、第10集团军）在索姆河和埃纳河一线构成了东西大约300英里的"魏刚防线"，以17个师守马其诺防线。两条防线连在一起，企图阻止德军南下。

德军在占领荷兰、比利时、卢森堡和法国北部后，德军统帅部制定了代号为"红色方案"的法兰西战役第二阶段作战计划。这一方案要求德军挥师南下，彻底击败法国。

6月3日，德国空军向法国机场和后方实施了猛烈轰击。6月5日拂晓，包克的B集团军群率先在右翼发起全线进攻，当天，隆美尔的第7装甲师抢先渡过索姆河。6月7日，隆美尔师将防守阿布维尔——亚眠一线的法国第10集团军拦腰斩断，其他德军各师得以从这个缺口向前拥入。6月8日，隆美尔师进抵塞纳河畔。6月10日，隆美尔又转身北向，一口气冲了50英里远，以海岸线为目标，当晚就到达目的地，切断了正向海岸撤退的法军第9军和英军第51师的退路。这些部队于6月12日被迫向隆美尔投降。

6月17日，古德里安装甲兵团进抵瑞士边境城镇潘塔里尔，切断了马其诺防线内法军逃往瑞士的退路。自强渡埃纳河以来，古德里安装甲兵团在10天中长驱400多公里，俘虏法军25万之多，创造了战争史上的奇观。

6月10日，法国政府撤出巴黎，迁往图尔。同日，意大利趁火打劫，向法国宣战。13日，巴黎被宣布为不设防城市。14日，法国政府再迁往波尔多时，德军不费一枪一弹占领了巴黎。就在德军占领巴黎的当天，德军A集团军群的左翼已进至马其诺防线的侧背。根据希特勒下达的15号作战指令，一直在马其诺防线正面执行吸引法军注意力任务的C集团军群，立即选择马其诺防线守军的薄弱处，即阿尔萨斯和格林两筑垒地域的接合部发起进攻。A、C两集团军群前后夹击，马其诺防线很快被突破。6月17日，C集团军群进至马恩·莱茵运河上，A集团军群占领了凡尔登，50万法军被包围在阿尔萨斯和格林南部，除少数逃往瑞士外其余全部被歼。18日，法国政府宣布停止抵抗。

至此，希特勒灭亡法国的"挥镰行动"胜利结束了。从5月10日至6月17日，号称欧洲军事强国的法国，就这样在5周时间内被打败了。曼施泰因的构想经过古德里安和隆美尔等人的行动后，最终变成了一个堪称世界军事史上的杰作。

马其诺防线的崩溃

1940年5月—6月间，希特勒在灭亡波兰之后，又疯狂地闪击了荷兰、比利时等西欧国家，仅在44天内就使荷兰、比利时、卢森堡和法国相继沦亡，英国退守本岛，这在战争史上是罕见的。

1939年10月9日，希特勒为进攻西欧下达了第6号指令，接着陆军总司令部拟制了代号为"黄色方案"的行动计划。这个计划实际上是"施利芬计划"的翻版，即通过比利时的中部向法国首都巴黎实施主要突击。1940年1月10日，一名携带西线作战计划的德军军官因其座机在航行中迷失方向而在比利时被迫降，德军的西线作战计划落入法、英手中。

德军"A"集团军群参谋长曼斯泰因认为，由于该计划已被敌人截获，如果再执行这一计划，势必难以达成战略突然性。因而建议改向阿登山区实施主要突击。他的建议被采纳后，德军首先攻占荷兰、比利时、卢森堡和法国的北部，然后从西、北两个方向进攻法国的巴黎；而在法国马其诺防线的正面，以佯动进行牵制，待主力攻占巴黎绕至该防线侧背时，再进行前后夹击，围歼该地法军。1940年5月初，德军由"A"集团军群担任主攻，共44个师，配置在亚琛到摩泽尔河一线，其任务是经由卢森堡和比利时的阿登山地区，向圣康坦、阿布维尔和英吉利海峡沿岸总方向实施突击，割裂在法国北部和比利时境内的英、法军；"B"集团军群共28个师，集结在战线北翼荷兰、比利时国境线至亚琛地区，其任务是突破德、荷边境上的防线，占领荷兰全境和比利时北部，然后作为德军的右翼向法国推进；"C"集团军群共17个师，配置在马其诺防线正面，其任务是进行佯攻，牵制马其诺防线上的法军；德军预备队共47个师，配置在莱茵河地区。

而英、法等国则对当时的战略形势判断失误。法国统治集团认为，德国打败波兰后，可能要继续东进攻打苏联，即使进攻法国也要在四五年之后；英国则指望地面作战由其盟国承担，自己只以海上封锁和战略轰炸来消耗德国；荷兰、比利时和卢森堡三国自以为只要严守中立，就能避免卷入战争。

因此，这些国家均没有发现德军的战略企图，战前也没有做好充分准备。直到1940年3月12日，盟军的作战计划才最后确定下来。这个代号为"D"的作战计划规定，如果德军向比利时实施主要突击，盟军则以两个法国集团军和1个英国集团军的兵力向比利时机动，在比利时集团军的掩护下，将德军阻止在代尔河一线；如德军向马其诺防线实施正面进攻，则以1

个集团军群进行坚守防御，并以1个集团军群为第二梯队增援；英国在海上担负封锁德国的任务。法国、荷兰、比利时、卢森堡和英国远征军共有135个师、3000多辆坦克、1300多架飞机，并可利用英伦三岛上的1000多架飞机支援战斗。荷兰的10个师，比利时的22个师都部署在本国东部国境线上。法国和英军共103个师，编为3个集团军群：第一集团军群共51个师，配置在法、比边境和法国北方各省；第二集团军群共25个军，配置在从瑞士到卢森堡的马其诺防线上；第三集团军群共18个师，配置在瑞士边境的马其诺防线之后；法军的战略预备队为9个师。

1940年5月10日清晨，德军在荷兰海岸至马其诺防线向盟军展开了全线进攻。3000多架飞机突然袭击了荷兰、比利时和法国北部的72个机场，一举摧毁了盟军的几百架飞机。同时，德军的"B"集团军群向荷兰和比利时北部展开了进攻，空降兵在其后方着陆，夺占了机场、桥梁、渡口和防御支撑点。5月15日，荷兰宣布投降。

在比利时，德军地面部队在空降兵的配合下，于5月11日就攻占了列日防线上的埃本·埃马尔要塞，5月17日，占领了比利时首都布鲁塞尔。在卢森堡，当德军"A"集团军群向卢森堡和比利时的阿登山地区实施主要突击时，只有30万人的卢森堡不战而降。

5月14日，德军的坦克师和摩托化师编成的第一梯队通过阿登山地区后，在法军第二和第九集团军接合部色当地区强渡马斯河，并重创盟军。德军占领色当后，以每昼夜20至40公里的速度向西挺进，于5月20日占领阿布维尔。5月21日，德军快速部队到达英吉利海峡，分割了英法联军的战略正面，并以荷、比两国作为空军和潜艇基地，封锁了加来海峡，阻止英军增援。英法联军约40个师被包围在比、法边境的敦刻尔克地区。5月23日，布伦陷落，27日加来被占，盟军在海边陷入重围。退守在敦刻尔克的盟军，三面受敌，一面濒海，处境极为危急。然而就在这危在旦夕之际，希特勒却下令其坦克部队停止追击。西方分析家认为这可能是希特勒想保存坦克部队的实力，以便南下进攻法国，进而迫使英国言和。不过，希特勒这一命令，却给盟军一个喘息的机会。5月26日，英国海军开始执行从敦刻尔克撤退的"发电机计划"。被西方称之为"战争史上一大奇迹"的敦刻尔克大撤退，盟军虽然遭受重大损失，但总算保存了有生力量，其中绝大部分后来成了反攻的骨干力量。

德军占领法国北部后，为了不让在5月底退至松姆河、瓦兹河、埃纳河一线的法军设防固守，便立即向巴黎和法国内地发起进攻。6月3日和4日，德军先以大量航空兵袭击法国各机场和重要目标，摧毁了法军飞机900多架，夺取了制空权。接着，在180公里的正面上，德军以"A"集团军群和"B"集团军群分两路发起进攻，很快攻破了马其诺防线，使法国于6月

22日被迫签署了停战协定。德军对西欧的作战只用了44天,使荷兰、比利时、卢森堡和法国相继沦亡,英国退守本岛,其"闪击战"获得成功。

德军闪击西欧之所以得逞,主要是因为:一是竭力进行战略欺骗和伪装,隐蔽战争企图达到了战略突然性。在战前,希特勒一再向荷兰、比利时、卢森堡保证,德国将尊重他们的中立,不会向他们发起进攻。当德国进攻西欧的作战计划落到比利时手中时,比利时仍未抛弃以中立求和平的幻想。希特勒还一再声称,德国对法国没有任何要求,德国不愿与法国打仗,德国和英国可以实现"体面的和平"等,从而使英、法丧失了应有的警惕,没有察觉德国的战略企图,延误了战争准备的时机。二是及时修改作战计划,主要突击方向选择得当,确保了首次突击的胜利。三是集中使用航空兵、空降兵,充分发挥坦克和机械化部队的快速闪击作用。德军的空军在夺取制空权后,就使盟军失去了行动的自由,盟军防御能力大为削弱。德军的坦克部队在航空兵的支援下,集中使用于主要突击方向上,行动十分迅速,使墨守成规的盟军惊慌失措,迅速溃败。

英、法等国的惨败,教训是极为深刻的。特别是法国,在当时曾被称为"欧洲最大的陆军强国",竟在短短的6个星期内灭亡,其主要原因有:一是"和平主义"思想严重,战备不足。法国国内普遍存在一种厌战情绪,贪恋和平生活,法国统治集团战前推行"绥靖政策",没有做好抗击法西斯侵略的准备。而且,法国人自恃马其诺防线坚不可摧,因而在战争动员、国防生产、部队训练等方面没有充分的应战准备,战斗力比较低。二是不能适应德国"闪击战"的特点,军事理论落后。法军的大部分兵力都部署在防御阵地上,机动兵力很少。当希特勒对法军闪击时,法军的防线很快被突破,而且法军难以组织有力的反击。三是对德军主要突击方向判断错误,战略指挥严重失误。法军在拟制作战计划时没有想到德军会改向阿登山地区实施主要突击,也没有根据已变化的情况及时修正自己的作战计划,而只是仓促应付,最终铸成了法国难以挽救的败局。

"卡德"号航母沉没在西贡港

美军众多被击沉的航母,绝大多数是被对方的作战飞机或被对方水面战舰和潜艇炸沉的,然而,却有一艘是十分意外地沉没的。它就是越战时期的"卡德"号。

1961年5月14日,肯尼迪总统下令美军特种部队进驻越南。然而,很快发现,这些特种兵不是越南人民的对手,于是急忙下令美军增兵。到1962年底，侵越美军已达1.2万人，拥有作战飞机240架左右。越南战场的战斗日益激烈。美军太平洋舰队不得不动用战舰进行海上运输补给。

"卡德"号航母属于美国第7舰队。由于越南南方民族解放阵线根本没有什么海军力量，因此，美海军战舰几乎没有什么海战的机会，"卡德"号于是就成了"运输舰"。从1963年开始，"卡德"号就经常出现在越南南部沿海，向侵越美军运送作战飞机和弹药等军用武器装备。起初，航母上的官兵还高度警惕，但时间一长，防范之心就减少了很多。

1964年5月1日，"卡德"号停泊在西贡港口，卸下武器装备，包括直升机和军用卡车后，许多官兵便去市区采购和观光。2日凌晨大约5时，突然一声巨响从西贡港响起。只见"卡德"号已被吞没在浓烟中。"卡德"号上的官兵拼命灭火。然而，巨大的口子使海水汹涌而入，航母开始下沉。

事后发现，航母被炸的部位在机舱，洞口长达8米，宽达1.2米！美军调查发现，航母挨炸的部位相当重要，一旦爆炸，航母很难逃离！显然，这是很有针对性的"爆破"！

据分析，炸弹安置在航母机舱附近，靠近港口码头。按理说，美军对航母采取了有力的防范措施，怎么会出问题呢？原来，美军对航母的警戒主要在水面和码头上，对水下的防范很少，因此，要是进行水下爆破，很容易钻空子。此外，美军与越南南方"傀儡"政权军队之间关系密切，双方军人在港口来来往往的。有人乘机混进来，美军也看不出来。

越南南方民族解放阵线属于游击队性质，没有正规的海军，也没有正规的空军，因此，要是明枪明炮去抗击美军航母是不可能的。然而，条条大路通罗马，不同手段都可达到相同的目的。